間川 清

裁判官・非常識な判決48選

幻冬舎新書
414

はじめに

妻子ある男性が、クラブのママと性交渉を持ったが、「ホステスに『枕営業』をする者がいるのは事実。売春婦と同様客の性欲処理に応じたにすぎないため、結婚生活の平和を害するものではない」として、法に問われない。

対向車線からはみ出してきた車にぶつけられた。もらい事故にもかかわらず、賠償責任を負わされる。

最近、このような、一般の人の常識や道徳観念からすると「ちょっとおかしいのでは」と思われる判決が下され、ニュースになったのは記憶に新しいと思います。

これらの判決はなぜ下されたのでしょうか。いま、そのような「非常識な判決」は増えているのでしょうか。

裁判官は若くして司法試験に合格したエリートで、一般社会から切り離された裁判所にこもっているため、世間知らず。だからそんなトンデモ判決を出してしまうのだ、などとよく言われます。

でも、本当にそうなのでしょうか。ニュースなどで報道されている断片的な情報だけで判断し、きちんと判決内容を見ずに、世間が勝手に「非常識」と決めつけていることはないのでしょうか。本書を執筆するきっかけは、そのような点にありました。

本書の執筆にあたり、過去に話題になったもの・議論を呼んだものを中心に、気になる判決を改めて調べていきました。筆者は弁護士という職業柄、普段から多くの判例に接していますが、このような視点で判決を読んでいくと、実に様々な発見があったのです。検討した判決の中には、「これは酷い。あまりに非常識だ」と思われるものもありましたし、結論に至った理由などを丁寧に読むと「これは妥当な判決だ」と思うものもありました。

何よりも興味深かったのは、判決文を通して、裁判に関わる原告、被告などの当事者、そして裁判官の性格や、葛藤、苦しみなどが伝わってきたことです。それはまさしく人間ドラマであり、血の通った生身の人間の世界です。

特に、自分の権利を精一杯主張したり、相手の責任を追及する当事者たちを目の前にしながら、懸命に頭を悩ませて当事者が納得する判決文を書こうとする裁判官の苦悩がひしひしと伝わってきます。


判決文というと、いかにも難しく、弁護士などの専門家にしか理解できないように思えるかもしれません。また、法律論が満載で無味乾燥な文章の羅列にすぎないという印象も持っているかもしれません。

しかし、実際の判決文はそのようなイメージとは違い、裁判をめぐる当事者の人間模様が垣間見えるとても興味深い世界です。不謹慎ですが、下手をすると並みの小説より面白いドラマが繰り広げられていることもあります。

ぜひ、本書を通じて、風変わりな判決があったということ、そしてその判決に至った背景を読み取って頂ければ幸いです。


本書は、法律知識のない方でも簡単にわかりやすく理解できるように判決文を要約し、解説しています。

また、必要な範囲で法律についての解説もしていますが、この解説についてもわかりやすさを一番の目標として書いています。

そのため、法律家の方からすると説明が十分でない、と思う部分があるかもしれません。その点に関しましては、本書の趣旨をご理解頂きますようお願い申し上げます。

それでは、人間味あふれる「ヒジョーシキな判決」ワールドをお楽しみ下さい。

裁判官・非常識な判決48選／目次

第2章 お気の毒ですが、笑っちゃう 67

第1章 この判決、許せますか？

駅の通路で、堂々と女性のスカートを覗き込めば無罪

訴えの内容

被告人は、人通りの多い駅の通路において、当時17歳の女子高生の後ろから四つん這いになった状態でスカートを覗き込んだ。迷惑防止条例違反で罰金15万円に処すべきである

⬅

判決

被告人は、人通りが多い中、四つん這いになって被害者のスカートを覗くという、常識的判断を欠いた突発的、衝動的な行為をしており、心神喪失状態にあったため無罪である

●さいたま地裁平成26年8月19日判決

実は、「悪いことをしている」という自覚があった被告人

この判決は、駅の通路において、友達と待ち合わせをしていた女子高生の被害者に対して、被告人である当時39歳の男性が、白昼堂々後ろから四つん這いの状態になりスカートの中を覗き込んだという事例です。

犯行が行われたのは、埼玉県内でも有数の大規模な駅の通路で、とあるモニュメントがある場所でした。

私は埼玉県出身なので、この犯行現場のことをよく知っていますが、そこはいわば東京・渋谷のハチ公前、人との待ち合わせ場所のメッカといえます。そのため、まさかこのような場所で白昼堂々四つん這いでスカートを覗き込むなどという犯罪が行われるとは、驚きでしかありません。

しかも、無罪の理由として「人通りが多い中、四つん這いになって被害者のスカートを覗くという、常識的判断を欠いた突発的、衝動的な行為をした」という点が挙げられています。つまり、常識外の行動をしているため、無罪となったのです。

この理由だけを聞くと、「こそこそスカートの中身を見たり、盗撮したりするのではなく、逆に堂々とスカートを覗き込めば、犯罪の責任を引き受ける能力（責任能力）がないと判断され、無罪になってしまうんじゃないか？」とも思えてしまいます。

ネット上の掲示板では「その手があったか」などと書き込んでいる人もいました。これが許されるとしたら、堂々とやったもん勝ちになってしまい、女性からしてみたら、不条理なことこの上ないでしょう。

通常であれば、もちろん「堂々とやってしまえば性犯罪でも無罪になる」なんてことはありません（くれぐれも真似してはいけません）。この判決で無罪となったのには、理由がありました。

判決文を読む限り、この被告人には中程度の精神遅滞や統合失調症の症状があったようです。そのような被告人の精神状態とこの大胆な行動を併せて考えて、責任能力がないと判断され、無罪にしたにすぎません。

当然ですが、そういった症状のない普通の人が四つん這いになってスカートの中を覗いたら有罪になるでしょう。

しかしながら、被告人に精神上の問題があったとしても、本当に無罪が正しいのかどうかは疑問が残ります。というのも、判決ではこの被告人は、スカートの中身を覗いた後、近くにいた通行人に首根っこを捕まえられ取り押さえられているのですが、その時に「すいません、すいません、もうしません」と言っているのです。

また、捕まった後、駅員に「そんなことしちゃいけないよ」と言われ、「はい」と答えています。

このやりとりをみると、この被告人は自分が悪いことをしていることはわかっていたといえるでしょう。そこまでわかっていたのであれば、この被告人には責任能力があったと判断することもできたのであり、本件で責任能力なしと判断するのは間違っているように思われます。

凶悪犯罪を起こしても、覚せい剤を使用していれば無罪

訴えの内容

被告人は、外国人で日本に不法に残留し、覚せい剤を所持して使用したうえ、無免許かつスピード違反で自動車を運転。5件もの交通事故を起こしながらも警察に通報せず、さらに3名の被害者に最高で全治2か月の傷害を負わせ、しかも自動車の所有者をナイフで脅したうえ、他人の自動車を合計3台も強奪し、損壊させている。厳罰にするべきであり懲役10年が妥当である

←

判決

不法残留と覚せい剤を所持して使ったことは認め有罪とするが、それ以外は全て無罪。よって、懲役2年執行猶予4年とする

●岐阜地裁平成20年3月17日判決

43分間の出来事

本件は、日本に不法に残留していた外国人の被告人が、覚せい剤を使用し、運転していた車で次々と事故を起こし、さらに乗っていた車から降りて近くの自動車の運転手をナイフで脅し、手当たり次第に自動車を奪い取ったという事件です。

判決文から、この事件の異常さがよくわかります。

外国人の不法残留や覚せい剤の所持・使用というのは、弁護士としては特に珍しいものではありません(もちろんいずれも許されない犯罪であることは言うまでもありませんが)。この事件の特殊なところは、覚せい剤を使用して、訳のわからない状態になった被告人が起こした一連の交通事故や強盗の内容にあります。

この被告人は、覚せい剤を使用して酩酊状態になった後、無免許にもかかわらず、車に乗り込み走り出しました。そして片側一車線の道路を走行中、いきなり対向車線にはみ出して対向車にぶつかる交通事故を起こしたのです。

その事故を起こすやいなや、被告人は刃渡り約24センチのサバイバルナイフを握って勢いよく車から飛び出し、被害者が乗っていた車を通り過ぎ、その後ろに停車していた車の運転手に対し、大声で喚きながらボンネットを叩きまくります。

そしてその車の運転手をナイフで脅し、シートベルトを切り裂いて降ろし、自分が車に乗り込んで、猛スピードで走り去ります。

この時点で被告人の行動は全く理解不能です。なぜいきなり対向車線にはみ出して車をぶつけたのか、そしてその後なぜ事故相手の運転手ではなく後ろに停車する車に向かったのか。どちらにせよ、車を奪われた運転手の恐怖は、半端なものではなかったでしょう。


さらにこの被告人の奇行は続きます。

被告人は、その約20分後に、赤信号であるにもかかわらず、奪った車で猛スピードで交差点内に進入し、右方向からの進行車両と衝突。それを意に介する様子もなく、さらに走行を続け片側一車線道路において、対向車両がいるのに無理やり、先行車両を追い越そうとして他車との接触事故を起こしました。

そして、その約9分後には、交差点で赤信号待ちの車両が停車しているのに、その間に割り込むような形で自動車前部を各車両に衝突させます。

それから、直ちにナイフを持って車から降り、事故の相手の運転手を脅してその車を強奪しようとし、さらには何の関係もない前方の停車車両を強奪。

その約3分後には、赤信号待ちの車に対する追突事故を起こし、またしても直ちにナイフを持って降車し、ナイフを振り上げながら、事故相手の車にとどまらず、付近に停車していた車両を手当たり次第に強奪しようとしました。

内容を紹介するだけで息切れしてしまいます。この被告人は、これだけの犯罪のオンパレードを約43分という短い時間で行ったのです。

しかも判決によれば、被告人の様子は「目が血走る、顔色が真っ青である、形相が引きつるなど、明らかに異常な様子であった」そうです。被害者の恐怖心は計り知れません。

心神喪失で無罪となる人は、年間平均3人

この判決が許せないと思われるのは、被告人が犯行の前に覚せい剤を使用して、訳のわからない状態になっていたため、罪を引き受ける責任能力がない心神喪失の状態にあったとして無罪になったという点です。この被告人は、一連の犯行を全く覚えていませんでした。

確かに理屈のうえでは、責任能力がなければ犯罪は成立しません。しかし、そもそも覚せい剤という違法な薬物を使ったのはこの被告人であり、誰かに強制されたりやむをえず使ったりしたものでもありません。

それにもかかわらず、無罪としてしまうのは問題があるのではないでしょうか。普通に犯罪を行った場合と、覚せい剤を使ってから犯罪を行った場合で後者の方が罪が軽くなるのは大きな違和感を覚えます。

なお、覚せい剤を使用して行った犯罪の全てが本件のように無罪となる訳ではありません。なぜなら、覚せい剤を使用した状態であっても、自分が何をしているか理解し、やめようと思えば、やめられる状態にあるため、責任能力が認められることがあるからです。平成24年の犯罪白書によると、精神障害者等の検挙人数は３４６０人、起訴されて無罪になった人数は３人と、さほど多いとはいえないでしょう。

その意味では、本件は特殊な事例ですが、悪質性の高い事案で無罪となることに疑問を感じざるをえません。

都知事の「ババァは有害」発言、なんら法的問題なし

訴えの内容

（当時の）東京都知事が、雑誌の取材に対して「文明がもたらしたもっとも悪しき有害なものはババァ」「女性が生殖能力を失っても生きてるってのは、無駄で罪です」などの発言をした行為は、東京都内及び近隣県の女性の名誉を侵害した。したがって、女性一人に対し11万円の慰謝料を支払え。また新聞に謝罪広告を載せろ

←

判決

発言の内容は、東京都知事として不用意かつ不適切な表現であったが、個々の女性の名誉を侵害した訳ではないので、慰謝料は発生しないし謝罪広告も載せなくてよい

●東京地裁平成17年2月24日判決

個人に向けた暴言でないならお咎めなし！

この事件は、当時マスコミを騒がす論争になり、その裁判の行方にも注目が集まっていました。

事件内容は、当時の東京都知事が雑誌の取材や福祉会議、東京都議会の席で、生殖能力のない女性を差別するような発言をしたため、東京都内や近隣県の女性が名誉を毀損されたとして、都知事に慰謝料の請求と謝罪広告を求めたというもの。

判決文から問題となった発言を引用すると、次のとおりです。

「これは僕がいってるんじゃなくて、松井孝典がいってるんだけど、〝文明がもたらしたもっとも悪しき有害なものはババァ〟なんだそうだ。〝女性が生殖能力を失っても生きてるってのは、無駄で罪です〟って。男は80、90歳でも生殖能力があるけれど、女は閉経してしまったら子供を産む力はない。そんな人間が、きんさん、ぎんさんの年まで生きてるってのは、地球にとって非常に悪しき弊害だって……。なるほどとは思うけど、政治家としてはいえないわね（笑い）。まあ、半分は正鵠《せいこく》を射て、半分はブラックユーモアみたいなものだけど、そういう文明ってのは、惑星をあっという間に消滅させてしまうんだよね」

「この間すごい話をしたんだ、松井さんが。私は膝をたたいてその通りだと。女性がいるから言えないけど……。本質的に余剰なものは、つまり存在の使命を失ったものが、生命体、しかも人間であるということだけでいろんな消費を許され、収奪を許される。特に先進国にありうる訳だ。でね……、やっぱりやめようか（笑）。あれが実は地球の文明なるものの基本的な矛盾を表象している事例だな」

この発言を読んで、読者の皆様はどのように思われるでしょうか？

私としては、仮に自分が女性で、知り合いの男性にこんなことを言われたとしたら、その人の人格を疑ってしまうと思います。多くの女性は少なくとも不快な思いをするでしょう。

上司が女性部下にこのようなことを言ったら、状況次第ではセクハラとして違法になる可能性もあります。

実際の判決では、慰謝料と謝罪広告を求める女性原告の請求は全て棄却され、法的に都知事が責任を負うことはありませんでした。

その理由は、名誉毀損というのは個々人の名誉が侵害された時に成立するが、都知事の発言は一般的な「生殖能力を失った女性」や「女性」に対して行われたものであり、原告となった女性個人に向けられたものではないから成立しない、というものでした。

確かに、名誉毀損の法律論としてはそのとおりかもしれません。しかし、個人じゃなくて集団に向けた暴言なら法的に許される、というのはおかしい気がします。

具体的な個人を対象として発言をしていなくても、相手の名誉を侵害することは十分考えられます。

例えば、筆者は埼玉県民であり、埼玉県民は度々「ダサイタマ」などと中傷されることがあります（埼玉県民はけっこう傷ついています）。

私が、ある集団の中にいたとして、誰かが「埼玉はダサイ」と言うと、私は傷つくでしょう。それにもかかわらず「特定の個人に向けたものではないから問題なし」と言われるのは問題があるように感じます。

そもそもこの判決では、裁判所自体が、「発言の内容は、東京都知事として不用意かつ不適切な表現であった」として、発言内容に問題点があったことを認めています。

それにもかかわらず、結果としてお咎めなしという結果でよいのかどうか、大いに疑問の残るところです。

筆者としては、損害賠償までは認めないとしても、公人として不適切な発言をしたことに対する責任として、謝罪広告を命じるべきではないかと思います。

もらい事故なのに、「ぶつけられた側」に責任あり

訴えの内容

運転していた車が対向車線にはみ出し、対向車両と衝突して、はみ出した車の助手席に乗っていた男性が死亡する事故が発生。対向車線を走っていた車は、はみ出してきた車の存在に気がついて、避けるなどの対応ができたはず。したがって、対向車線を走っていた車は損害賠償の責任を負うべき

⬅

判決

もらい事故であったとしても、対向車線を走っていた車は、はみ出してきた車を避けることができた可能性もあり、事故について過失がなかったとは言えない。したがって、もらい事故で車を運転していた運転手は責任を負う

●福井地裁平成27年4月13日判決

「過失がなかったこと」が証明できなければ、責任を負わされることも

この事件の概要は、対向車線をはみ出した車両が対向車両にぶつかり、はみ出した車両の助手席に同乗していた人が死亡し、その遺族が、対向車両の運転手の雇用主でもある会社に対し損害賠償を請求したというもの。

裁判官は「対向車側に過失がないともあるとも認められない」としたうえで、無過失が証明されなければ賠償責任があると定める自動車損害賠償保障法（自賠法）に基づき「賠償する義務を負う」と認定。対向車側に4000万円余りの損害賠償の支払いを命じました。

ネットやテレビニュースなどでかなり話題になった裁判であり、記憶に新しい人も多いかと思います。

死亡した男性の遺族が対向車両の運転手の会社に損害賠償を求めた裁判ですが、対向車両の運転手は、もらい事故の被害者でもあります。

これだけを見ると、なぜもらい事故の被害者が、はみ出してきた車に乗っていた人の死亡の責任を負わされるのか？　と不思議な気分になります。「こんな判決を下した裁判官

は、一般常識がない。おかしい」という感想を持つ人も多いのではないでしょうか。

こんな事故まで、ぶつけられたドライバーが責任をとらされるのであれば、恐ろしくて車を運転することなどできなくなってしまいます。

なぜこのような判決が下されたのか。本当に裁判官が非常識なために、このような判決になってしまったのでしょうか？

実は、このような判決結果となったのは、一概に裁判官だけに問題があったとはいえません。そこには交通事故における特殊な法律が存在していることが一つの理由となっているのです。

交通事故が起きた時に適用される法律として、自動車損害賠償保障法というものがあります。この3条には、交通事故が起きた場合には、ドライバーが自分の運転について「過失がなかったこと」を証明しない限り責任を負う、という規定があるのです。

この「過失がなかったこと」を証明する、というのは想像しているよりとても大変なことです。

「過失があったかなかったかわからない」ではダメで、責任を負わされることになります。完全に「過失はなかった」と言い切れるほどの証明をしないとダメなのです。

今回の事故で、もらい事故を受けた対向車線を走っていた車のドライバーは、その運転に「過失がなかった」という証明まではできなかったのです。

というのも、実はもらい事故を受けた車の前には、2台の車が走行しており、その2台は、はみ出してきた対向車両をうまく避けていたからです。

また、もらい事故を受けた運転手が、事故の直前、左側にいた歩行者に目を向けていたという事実があり、前方不注意が見受けられました。

そのため、もらい事故を受けた運転手には過失があった可能性があり、「過失がなかったこと」を証明することができなかったのです。

以上が法律上の理屈になりますが、読者の方は納得できるでしょうか？　私も車を運転しますが、正直なところ自分が同じような状況でもらい事故を受けた場合を考えると、責任を負わされることに納得はいかないと思います。

事故が発生した場合に「過失がなかったこと」を証明しなければいけない、という法律があるとしても、対向車線から車が飛び出してきた場合にも同じように適用するのは妥当ではありません。そのような特殊な状況では、３条の適用を除外するという判断もありえたと思います。

とはいえ、この判決を前例として、今後も同じような事故があった場合に、もらい事故を受けたドライバーが責任を負わされる可能性があります。

それを防ぐには、事故の状況を証拠に残しておくためのドライブレコーダーを設置するなどの対策を講じる必要がありそうです。

拾った小切手の価値は額面のわずか2%

訴えの内容

某銀行の行員が落とした小切手と株券（額面78億7087万9105円）を拾って警察に届けた。某銀行は、落し物を拾ってくれたお礼として、拾い主の原告に1億9765万円を支払え

←

判決

小切手等の額面が、78億7087万9105円だからといって、その金額をもとにお礼の額を計算するのはおかしい。拾った小切手の価値は、額面の2%として考えるべきで、お礼の金額は株券の分も含めて8744万9879円とする

●東京高裁昭和58年6月28日判決

遺失物の価値と、そのお礼に対する金額はいくらが妥当か？

お財布などを拾って警察に届け出て、持ち主が見つかった場合、拾い主にお礼が支払われることがあります。さて、この時のお礼の金額はいくらとするのが妥当なのでしょうか？

お礼は気持ちであって決まりなどはないのではないか？　そう思われる方も多いかもしれません。しかし、落し物のお礼金額についてはちゃんと法律で決まりがあるのです。

その法律は、遺失物法という法律で、遺失物に対する取り扱いについて定められています。拾った人へのお礼金は、この法律では「報労金」と呼ばれており、その価格は拾った物件の価格の5％以上、20％以下となっています。

例えば、1万円を拾って持ち主に返した場合には、500円から2000円の範囲内でお礼がもらえるということですね。お礼の金額に幅があるのは、「あくまでもお礼は気持ちの問題」という日本人の共通認識があるからでしょうか。実に日本らしい法律といえます。

さて、この判決では、その報労金の金額について争いになりました。落し物は小切手と株券。額面はなんと約78億円です！

判決文をみると、落としたのは某銀行の従業員で、株券44枚と一緒に小切手が入っていたバッグを公衆電話に置き忘れたそうです。よくもまあ、とんでもない落し物をしたものです。判決文からはわかりませんが、この従業員が銀行内でどのような処分を受けたのか、考えるのも恐ろしいですね。

裁判では、拾った側である原告は、「この小切手等は少なくとも額面額の2分の1の価値がある。だからその5％の1億9765万円を支払え」と求めたのです。

なぜ原告が最初から2分の1にしたのかはわかりません。私ならダメ元で満額で請求すると思います。

それに対して裁判所が下した判決は、なんと「この小切手の実質的な価値は2％にすぎない」というものでした。その金額の5％の約870万円（株券のお礼分含む）が実際に認められた金額になりました。

拾った人からすれば、約2億円ももらえると見込んでいたのに、わずか870万円になってしまい、さぞかし残念だったことでしょう。

小切手は一般には現金の代わりに使われるものですから、この判決には納得いかない方も多いでしょう。

「通常の小切手でない」ことが価値の争点に

それでは、なぜ裁判所はわずか2％の金額しか認めなかったのでしょうか。
実はこの小切手は「日銀小切手」と呼ばれる銀行間のみで使われる特殊な小切手で、第三者に悪用される可能性がとても低い小切手だったのです。そのため、裁判所は小切手の実質的価値を、低く見積もったのでした。

それにしても、拾い主はバッグを拾っただけで約870万円も手に入れることができ、とてもラッキーでした（もちろん良いことをした結果です）。

読者の皆様も、お財布を拾ったら必ず警察署に届けましょう。その際には、最低5％のお礼がもらえることを忘れないようにして下さい。

バイク事故の被害者である歩行者が、なぜか有罪に

訴えの内容

歩行者とバイクが衝突し、双方が転倒した。バイクの運転手は死亡。通常、歩行者とバイクの事故においては、歩行者が被害者であるが、本件では歩行者が加害者であり、死亡の責任を負うべきである

判決

確かに本件では、歩行者である被告人に事故の責任がある。よって、歩行者である被告人に罰金40万円を命じる

●東京簡裁平成11年9月28日判決

歩行者が全責任を負う時だってあります

交通事故において、自動車やバイクが歩行者と衝突した場合、その責任はどちらにあるのでしょうか？　場合によって、歩行者に過失が認められることはありえますが、通常、自動車やバイクの側に責任が認められる場合がほとんどです。

生身の歩行者と、スピードの出る自動車やバイクの危険性の差を考えれば、その結論は当然といえそうです。

しかし、この判決では、衝突された歩行者の側に責任があるとされ、意外にも罰金40万円という刑罰を受けることになったのです。

なぜでしょうか？　その理由は、歩行者である被告人が、事故現場からわずか50メートル先に横断歩道があるにもかかわらず、道路を横断したという点にあります。しかも、「横断禁止」という標識があったうえ、高さ1メートルにも及ぶ中央分離帯を乗り越えて横断したというのです。

このような状況からすれば、確かに歩行者といえどもその責任を負うべきだと考えられます。

バイクの運転手はまさか1メートルもある中央分離帯を乗り越えて人が道路に飛び出し

てくるとは思いもしなかったでしょう。

この判例は、刑事裁判の結果ですが、被告人の民事責任の結果についてはまた別の話になります。民事責任というのは、ようするにお金の話で、事故によって発生した怪我などに対する損害賠償がいくらになるのかというものです。

通常、歩行者と自動車・バイクの事故の場合、自動車・バイクの側が歩行者の怪我に対して、損害を賠償しお金を払うことになります。

しかし、このケースではおそらく歩行者の方が、バイクの運転手の遺族たちに対して、お金を払うことになると思われます。


なぜ、わずか50メートル歩くことを避け、横断禁止の標識を無視して1メートルもの中央分離帯を乗り越えて道を横切ったかわかりませんが、まさかここまでの大きな責任を負うことになるとは想定していなかったでしょう。

一般の人の目線からすると、この判決に意外性はないかもしれません。ただし、弁護士や裁判官などの法律専門家からすると意外性を感じる判例です。

というのも、人と自動車やバイクが接触した場合には、どんな状況であれまず自動車やバイクの側に責任アリ、とされるのが基本的な考え方で、多くの判例がそうなっているからです。

歩行者といえど、状況次第では責任を負うこともありえます。このような事例が起きた、ということだけでも知っておいて損はないでしょう。

間違って振り込まれた預金を引き出すと、詐欺罪成立

訴えの内容

被告人は、自分の普通預金口座に、誤って振り込まれた預金約75万円が存在していることに気がつき、これを引き出して自身の借金の返済にあてた。これは、銀行を騙して預金を引き出したことになるから、詐欺罪（法定刑10年以下の懲役）にあたる

←

判決

自分の口座に間違って預金が振り込まれていることに気がついた場合、そのことを銀行に告げる義務がある。それをしないで引き出してしまった被告人には詐欺罪が成立し、懲役1年執行猶予3年の刑とする

●最高裁判所平成15年3月12日判決

勝手にお金を送った側には一切の責任なし

銀行への振り込みは、いまでは日常的に行われていることですが、間違った振り込みをされ、振り込みを受けた口座の所有者がその預金を引き出してしまったらどうなるのでしょうか？　税理士顧問料の集金代行業者が、税理士の奥さんの間違った届出により約75万円を誤振り込みしてしまった後、誤振り込みを受けた口座所有者が自分の借金返済のために預金を引き出し使ってしまったという事例です。誤振り込みを受けた被告人はびっくりしたことでしょう。

明日の借金返済資金をどうするか頭を悩ませていたところ、ふと自分の通帳を見たら見知らぬ業者からお金が振り込まれていたというのですから、嬉々としてそれを引き出して借金返済にあてている姿が目に浮かびます。

ところが喜びもつかの間、その男性は詐欺罪という罪で刑罰を受けることになってしまいます。他人のお金を勝手に使ってしまっているのですから、なんらかの責任をとらなければいけないというのはわかりますが、詐欺罪として処罰するのはいかがなものでしょうか？

詐欺罪というのは、相手を騙して財産などを取ってしまう犯罪のことをいいます。この被告人は、銀行という相手を騙して財産を取ったといえるでしょうか。

例えばこの通帳の金額を被告人がなんらかの方法で偽造して多くみせて、預金を銀行から引き出したというのであれば「騙した」といえなくもないですが、お金は勝手に振り込まれただけで、被告人はなにも関与していないのです。それなのに詐欺罪というのは厳しすぎるのではないでしょうか？

もちろん、人のお金を勝手に使うのは問題ですから、お金を本来の持ち主（顧問料を受け取る税理士）に戻させるべきです。

しかし、振り込みをする時にミスをした振込人の責任を度外視して、被告人にだけ責任を負わせるのは酷すぎる気がします。

この判決に対しては、本当に詐欺罪という犯罪にしていいのかどうか、様々な学説上の対立などもあり議論されています。

私としては、間違って振り込みをした側にも責任があるのだから、詐欺罪にまでしなくてもいいのでは、と思ってしまいます。

民事上、お金を返金させるのはもちろんですが、刑事上では特に罪なし、とするか、せいぜい落し物を勝手に自分の物にしてしまったというような場合に適用される占有離脱物横領罪という軽い刑（法定刑1年以下の懲役または10万円以下の罰金もしくは科料）に問うべきでしょう。

認知症患者が事故を起こしたら、家族に責任がある？

訴えの内容

91歳で認知症を患っていた男性が、徘徊《はいかい》行動により自宅を出て電車線路内に立ち入り列車にはねられ死亡した。

認知症の男性を介護していた当時85歳の妻、別居していた男性の長男ら子供たちは、男性を監督して事故を発生させないようにする義務を怠った。したがって、約720万円の損害賠償金を支払え

⬅

判決

短時間居眠りをした妻には、男性の監督を怠った責任がある。また、別居していた長男にも事実上の監督者として責任がある。よって鉄道会社の被った損害全額を支払う義務がある

●名古屋地方裁判所平成25年8月9日判決

認知症患者やその家族に「自由」はあるのか

本事案は、判決直後ネットやSNSなどで話題となり、あまりにも遺族に対して酷すぎる判決では？　と様々な議論を呼んでいます。

本件は、平成19年12月7日、認知症を発症し独力では日常生活を送ることができない状態にあった男性が、認知症が原因とされる徘徊行為により電車の駅構内に入り込み、駅を通過しようとした列車に衝突した死亡事故です。

この事故で、原告である鉄道会社は、振替輸送にかかった費用など合計約720万円を被告に請求しています。当然、事故を起こした男性は死亡しており、請求はその男性の妻と子供たちに対して行われました。

事故の当時、男性の身の回りの世話をしていたのは男性の妻です。妻が介護のさなか、5～6分程度居眠りをしてしまい、その間に男性は家を出てしまったのです。

判決では、男性の妻には男性のことを監督して徘徊などして事故を起こさないようにする義務があったのに、それを怠ったとして責任が認められました。

また、男性の長男についても、男性の介護について方針などを決定しうる立場であったことを前提に監督責任を怠ったとして責任が認められました。

高齢化社会における問題が浮き彫りに

この判決については、「裁判所は、認知症患者の行動がとても予想できるものではない、ということを理解していない」「85歳という高齢で、自身も要介護1の認定を受けていた妻に監督責任を認めるのはおかしい」「同居しておらず、事故当時も男性と一緒にいなかった長男に責任を負わせるのは酷い」などという批判があります。

中には、「裁判所の判断を前提にすれば、認知症患者の家族は本人を縄で縛っておかなければいけなくなる」などというものもあります。

確かに、損害を受けた鉄道会社の言い分もわからないこともありません。しかし、いくら認知症の患者であるとはいえ、その介護をする家族などが「徘徊して電車に衝突して鉄道会社に損害を負わせる」ということまで予想できるものでしょうか？

そこまで予想して対応策を立てなければいけないとなると、現実的に対応は不可能な気がします。

また、当時別居していた長男にまでその責任を負わせるのは酷な話です。それが認められてしまえば、地方の実家に高齢の親を残して都心で働いている人は、いつ責任を負わされるか怖くておちおち仕事もしていられません。

これからの超高齢化社会においては、このような事故や事件は多発することが考えられます。こういった事故について、介護する人やその家族だけに責任を負わせてよいものかどうか、社会的に議論が必要になってくると思います。

なお、この判決は高裁では、長男には責任がないとし、賠償金額を半分に減額したものの、一審と同じく妻に責任を認めていました。

しかし、最高裁は、長男だけではなく妻にも責任がないとして、鉄道会社の請求を棄却しました。認知症患者に対する家族介護の難しさに配慮したと思われます。今後の認知症患者に対する家族の監督責任のあり方に、大きな影響を与える判決となるでしょう。

子供の蹴ったサッカーボールで起きた事故は親の責任

訴えの内容

校庭で小学五年生（11歳）の少年が蹴ったサッカーボールが道路に飛び出し、バイク運転中の高齢者（85歳）がこれを避けようとして転倒し、受傷したことにより死亡した。校庭でサッカーボールを蹴ってこのような事故が起こるのは、想定内であるから、少年は死亡の責任として遺族らに対して約5000万円を支払え。

また、少年の両親も、子供がサッカーボールを蹴って校庭からはみ出させないように注意をすべきであったのだから、遺族らに約5000万円を支払え

←

判決

原告の言うとおり、サッカーボールも蹴り方によっては事故が発生することは予想できる。両親は少年を監督すべき立場にあったのだから、その責任をとって約1500万円を支払え

●大阪地方裁判所平成23年6月27日判決

一転して最高裁で逆転無罪となったトンデモ事件

この判決も、世間を騒がせた有名な判決です。事件の概要は次のとおりです。

当時11歳の少年が、校庭で友人とともにサッカーの練習をしていました。少年はゴールに向かってフリーキックの練習をしていたのです。少年が蹴ったボールは、ゴールを通り越して道路に飛び出してしまいました。

その時、運悪く、男性がバイクに乗ってそこを通りかかります。男性は当時85歳。ボールを避けようとして転倒し骨折。男性は入院後、認知症を発症するようになり、その後、肺炎にかかり死亡してしまいます。

この結果に対し、遺族はこの少年とその両親を相手として、死亡結果に対する損害賠償責任を追及し裁判を起こします。

判決の内容は、一般市民の感覚からすると理解しがたいものでした。

なんと裁判所は、少年がサッカーボールを蹴っている状況において、ボールが飛び出しバイクなどにぶつかって事故が起こるのは予測でき、少年の両親はそのようなことが起こらないように少年を監督する義務があると判断したのでした。

普通に考えて、自分の子供が学校でサッカーボールを蹴って人が死ぬというのは、予想できるでしょうか。

それにもかかわらず、そこまで監督しなければならないとしたら、親は常に子供につきまとっていなければならなくなります。そんなのは現実的に不可能です。

私自身も経験がありますが、スポーツの練習などでボールが道路に飛び出てしまうことは日常的に起こりうることです。

もちろん道路の通行者にとって危険なのは確かですが、その時たまたま高齢者がバイクに乗っていて転倒しただけで、両親に莫大な損害賠償義務が発生するというのは、やはり納得できるものではありません。

また誰かに責任があるとして、学校側の責任に言及されていないのも疑問です。判決文だけではわからないところもありますが、学校の校庭にはボールが道路に飛び出さないようにするネットなどは設置されていなかったのでしょうか？

小学校であれば、十分な判断能力のない児童が力加減を間違えて、ボールを蹴り校庭の外に出してしまうことは当然予想できます。

子供とその親に負わせる責任は妥当だったのか

さて、この一審判決は控訴され、高等裁判所でも判決が出されました。その結果は、少年の両親に約1180万円の責任を認めるものでした。金額は多少減ったとはいえ、少年と両親に責任を負わせている点に変わりありません。

ところが、その後、最高裁の判決が出て、一審二審とは全く異なる結論が出ます。なんと最高裁の判決では、少年の責任を認めませんでした。

簡単に言うと、「フリーキックの練習は普通に考えれば危険な行為ではないから、直接そばで監督している場合以外は、『人にあたらないようにしなさい』などの一般的な注意しかできない。そうである以上、たまたま事故が起こったとしても、その事故を予想することはできなかったのだから責任を負わない」と判断したのです。

最高裁の結論をみると、ごくごく当たり前のことを言っているとしか思えません。そう考えると、一審二審の裁判官の判断がいかに異常だったかがわかります。

報道によれば、少年やその両親は裁判の間中、罪の意識に苛まれていたそうです。裁判官には、自分の判決が多くの人に影響を与えるということをよくよく理解して判決を下してほしいものです。

一審二審の裁判官がなぜ少年の両親に責任を認める判決をしたのかは、判決文だけではわからない部分がありますが、おそらく男性が死亡した、という結果を重視し、「重大な結果が発生したのだから誰かがその責任を負うべきだ」、と考えたのではないのでしょうか。

確かに、人が死亡したという結果は重大ですが、その責任を誰かに負わせてよいか、という点はまた別の問題です。一審二審の裁判官はその視点が欠けていたのかもしれません。

ペットは法律上は「物」である

訴えの内容

被告の飼っていた犬が、原告の飼っていた犬に噛み付き、噛まれた犬は死んでしまった。飼い犬の管理を怠った被告は、原告の飼っていた犬の購入代金相当額や慰謝料を支払え

←

判決

法律上、犬は「物」に該当する。犬の物としての価格は、購入から約5年経過していることに鑑み、購入額の3分の1となる5万円とする

●名古屋地裁平成18年3月15日判決

「物」に対して慰謝料は認められる？

ペット好きな方からすると、この判決には納得できないかもしれません。というのも、この判決は死亡したペットに対する損害賠償額を計算するにあたり、ペットが「物」であることを前提にしているからです。

家族同様、人間同様にペットを育てている人からすると、ペットを「物」扱いすることは許せないかもしれませんが、基本的に法律ではペットは車やパソコンなどと同じように「物」として扱うことになっています。

ペットに命があることは明らかですので、この扱いには違和感を覚える人が多いでしょう。しかし法律ではこのように考えるのです。

もちろん動物への虐待などについては動物愛護法などで別途規制があり、完全に物と同列に扱われている訳ではないのですが、この判例のように人の犬を死亡させてしまいそれに対する損害賠償が問題となった場合、犬を物と同様に扱い、その価格を賠償させるということになるのです。

この判例は、被告が飼っていた犬が不注意により被告の敷地から飛び出し、原告の犬に噛み付いて殺してしまったというものでした。

原告側が犬自体の損害として請求したのは、犬の購入代金であった約15万円でした。これに対して被告は、「購入からすでに5年以上経過しており老齢化で価値は低下している」と反論しました。

結局判決では、犬の価格は購入代金の3分の1である約5万円とされました。なんとも世知辛く感じます。

この判決に対しては、「家族同様に飼っていた犬が殺されたのに、5万円しか損害賠償が認められないのか」と怒りを感じるかもしれません。

しかし、この点はきちんと配慮してくれています。通常、物が壊されてしまっても、相手に精神的苦痛に対する損害賠償である慰謝料を請求することはできません。

ところが、ペットの場合例外的に、物であっても慰謝料が認められるのです。つまり、物という定義をしているけれども、命あるものであることを踏まえた損害賠償が認められているのです。裁判所にはちゃんと血も涙もあるのですね。

結局この判決では、犬の飼い主である家族三人に、それぞれ30万円、10万円、10万円という、合計50万円の慰謝料が認められています。

この慰謝料が高いと思うか安いと思うかは、人によるでしょう。ちなみに私としては、ペットを飼っていないことと、物への慰謝料は認められないという原則から、けっこう高い額が認められたな、と思ってしまいます。他方ペットと家族同然に接し暮らしている人は、低すぎて論外だと感じるかもしれません。

ちなみに、私が法律を学び始めたころ、「ペットは物である」という知識を得て、それを動物好きの友人に説明したところ、軽蔑の目で見られたことがあります。この知識を他人に披露する時には注意が必要です。

従業員が2か月間行方不明になってもクビにはできない

訴えの内容

県職員であった原告は、突然行方不明になり2か月無断欠勤を続けた。これに対して県は、原告の妻に原告の懲戒免職を通知し、県の広報誌にもその旨を記載した。しかし、行方不明となった原告自身に対して懲戒免職のことを伝えていない。よって懲戒免職は成立していないから、行方不明期間中に定年退職となった原告に支払っていない退職金を支払え

←

判決

県が、本人に直接伝えていないのは確実。よって、懲戒免職は成立せず、原告は行方不明中ではあったものの定年退職時まで在職したことになるから、県は規定どおりの退職金を支払え

●大阪高等裁判所平成8年11月26日判決

クビにするならしっかり手順を踏まないと

この判決の事案は、とある県の職員が突然行方不明になり、無断欠勤を続け、その約2か月後に県が職員を懲戒免職処分にしたという事案です。

この県職員は多額の借金を残して失踪したそうですが、5年近く行方不明の状態が続いたため、不在者財産管理人という不在者の財産を管理する人が選任されていました。

不在者財産管理人というのは、従来の住所から去り、容易に戻る見込みがない人について、ほかに財産を管理してくれる人がいない場合、その人や関係者の財産を管理したり保護したりするために、その不在者の代わりに財産管理をする人で裁判所が選任します。

不在者の残された家族や弁護士がなることがあります。この事例では、不在者となった県職員の財産管理人が、県に対して「懲戒免職は成立していないから、この人（不在者）は定年までは在職していたことになる、だから退職金を支払え」と求めました。

一般的な感覚からすると、いきなり会社を無断欠勤し、その後も行方不明のまま2か月も経過したら当人も会社は辞めるつもりだ、と考えるのが普通でしょう。

しかし現在の法律の建前では、2か月間無断欠勤状態であっても、それだけで簡単にその人をクビにすることはできないのです。

なぜなら、従業員をクビにするためには、「解雇する」ということをその人に伝える必要があるからです。これを「意思表示」などと言ったりしますが、これがないと従業員をクビにできません。

そうすると、「行方不明になった従業員にクビを伝えることなんかできる訳がない。行方不明者をクビにするのは不可能なのか？」という疑問が湧いてきます。

行方不明者をクビにする方法

結論から言うと、行方不明者をクビにすることは可能です。法律では公示送達という手続きがあり、裁判所に申し立てをして、この公示送達をすると、実際にその従業員がクビの連絡を受けていなくても、その連絡をしたと見なしてクビが成立するのです。

裁判所の建物の前には、掲示板があるのをご存知でしょうか。ここにはA４の紙が貼られており、そこにこういった公示送達の内容が書いてあります。

だいたいは茶色く日焼けしていて、ほとんど誰も見る人はいません。しかし、そこに掲示することで、「相手の人は見ようと思えば見られたよね。だから伝わったということにするね」というのが公示送達なのです。

判例の事案では、この従業員の奥さんに懲戒免職のことを通知したり、県の広報誌にそのことを書いたりしていたようです。しかし公示送達はしていませんでした。

その結果、裁判所は「懲戒免職は成立しない」と判断したのでした。法律の理屈からそうなるのかもしれませんが、2か月も無断欠勤しておいて、クビにできないのでは、あまりにも雇う側が気の毒な気がします。

この職員は、懲戒免職が無効であったことから定年退職まで在職していたことになり、退職金約2000万円が受け取れることになっています。

県が職員に支払うお金は、県民の税金などでしょうから、なおさら納得できないところです……。零細企業ならいざ知らず県という公共団体が、公示送達という法律の手続きをとらなかったことは、明らかなミスであったといえるでしょう。

なお、この判決はさらに最高裁判所で判断がされており、最高裁では懲戒免職の効力は成立しているとされました。しかし、この最高裁判決は懲戒免職の事実が県の広報誌に掲載されていたことを重視してそのような判断をしているので、一般の民間企業ではやはりクビが認められない可能性が高いと思われます。

ちなみに、判決からは本件の県職員が自分の意思で失踪したのか、犯罪などに巻き込まれて失踪したのかは不明です。

しかし、いずれの場合でも本人が働いていないことに変わりはない訳ですから、やはり公示送達などの手続きを踏まなければ、一切解雇できないというのは、雇う側にとっては酷だと思います。

離婚なんかしないで、二人で青い鳥を探しなさい！

訴えの内容

被告である夫は、原告である妻に対して、「原告が気を失って倒れるまで殴りつけ、それに水をぶっかける」という程の暴力を振るったり、自分の思いどおりにならなければ、それらを全て妻や周囲のせいにして口汚く罵る。育児にも非協力的で、妻を「いじめ」てきた。このような被告とは到底結婚生活を続けることはできないから離婚を求める

判決

被告である夫に至らない点があったことは否定出来ない。しかし、いまなお原告との婚姻生活の継続は可能と考えられるから、原告と被告、殊に被告に対して最後の機会を与え、二人で何処を探しても見つからなかった青い鳥を身近に探すべく、じっくり腰を据えて真剣に気長に話し合うよう、一切の事情を考慮して婚姻の継続を相当と認め、本訴離婚の請求を棄却する次第である

●名古屋地裁岡崎支部平成3年9月20日判決

法律関係者の間で有名な「青い鳥判決」

事案は、29年間結婚生活を続けた夫婦において、妻が夫に離婚を求めたものです。原告の主張によれば、夫は日常的に妻に暴力を振るい、周囲を振り回し、妻の人格を否定するなど、夫婦関係を続けていくのがとても不可能な、酷い夫であったそうです。

一方夫は、基本的に妻の主張を否定し、離婚に応じようとしません。むしろ自分は、自動車修理業の自営業者として、一生懸命仕事に打ち込み、家族のために人生を捧げてきたと反論しています。

双方の主張が真っ向から対立したため、結局裁判所が判決を下すことになりました。結論としては、離婚の請求は棄却され、今後も結婚生活を続けなさいという内容です。

この判決が有名なのは、その結論に至る理由です。なんと裁判官は、「二人で何処を探しても見つからなかった青い鳥を身近に探すべく」話し合いなさいなどと、なんともメルヘンチックな判決文で理由付けをしているのです。

改めてこの判決文を読んでみましたが、この裁判官は完全に自分の判決文に酔いしれています。世紀に残る名判決文を書いたつもりだったのでしょうか。

判決理由において、裁判官はいきなり学者の名前を持ち出しています。

「テンニースという学者は、社会をゲマインシャフト（共同社会）とゲゼルシャフト（利益社会）とに分けている。ゲゼルシャフトとは会社とか学校とか組合のように、人がある目的のために結び合う社会のことで、そこでは人々はその目的のために結びつくのであって、一面的である。ゲマインシャフトとは村落とか家庭のように人々がそれ自体で結び付き、無目的に結合している社会で、そこでは全人格的に人々は結び付く。その典型は家庭である、というのである」

テンニースって誰でしょう？　またゲマインシャフトとゲゼルシャフトって?? 当事者のポカンとする顔が目に浮かびますが、裁判官は気にすることなく、ゲマインシャフトとゲゼルシャフトの単語を使って抽象論を展開します。

さらに裁判官は、離婚を求められている夫について、「訴訟継続中、ひとかどの身代を真面目に作り上げた被告が法廷の片隅で一人孤独に寂しそうに事の成行きを見守って傍聴している姿は憐れでならない」などと述べ、やたら情緒的な言い回しを使います。

そして最後の締めに、「二人で青い鳥を探しなさい」と言って、妻からの請求を棄却するのです。

もし私が当事者だとしたら、こんな判決ではとても納得ができないでしょう。いや、もしかしたら実際に法廷で戦った原告と被告には、心に響く内容だったのかもしれませんが……。答えは原告と被告のみが知っています。

ちなみに、妻の主張が事実であるとすれば、この二人が結婚生活を続けることは難しいと言わざるをえないでしょう。裁判所は離婚を認めるべきであったと思います。

コラム1

お疲れですか、裁判官?

2015年6月に、民事訴訟の判決文に41か所もの間違いが発見され、原告側が地裁に訂正を申し立てた、というニュースが報道されました。

原告側の代理人によると、誤りがあったのは労災をめぐる損害賠償請求訴訟の判決で、地裁が原告の労働時間を集計した一覧表の数字に計算ミスが12か所、曜日をはじめ事件の重要な部分など29か所に間違いがあったそうです。

判決文というと、厳格なイメージがあり、絶対に間違いなどはありえないと思われがちですが、単純な漢字の誤記や送り仮名の間違いはそれなりにあります。判決を書く裁判官にはしっかりしろ!と言いたくなりますが、多少の誤記はしょうがないのかもしれません。

というのも、裁判官はものすごく忙しいのです。裁判所にもよりますが、一人で数百件の事件を抱えることもあるそうです。法廷で裁判を取り仕切りつつ、その合間に判決を書くのですから、その苦労は大変なものでしょう。しかも、一つ一つの事件は当事者の人生がかかっているものが少なくありません。過去には、忙しさとストレスに押しつぶされ、自殺した裁判官もいるほどです。

通常、明らかに誤字だとわかるような判決文は、その影響が大きくない場合には、そのまま放置します。一応法律上は、判決文の訂正をする手続きもあるのですが、明らかな誤字を多くの手間を掛けてまで修正する必要がないため、そのままにするのです。

報道された事例では、間違いの内容が判決の重要部分に及んだため、訂正を申し立てたのでしょう。

判決文に間違いがあって一番困るのは、判決を受けた当事者本人が、判決に納得しないことがあるという点です。「こんな間違いをするような裁判官は、信用できない! 高裁で別の裁判官に見てもらいたい」と言って、判決に納得せず裁判が長期化する結果につながります。

裁判というものは、判決に対する国民の信頼によって支えられています。裁判官にはしっかりと誤字脱字チェックをしてもらいたいものです。

第2章 お気の毒ですが、笑っちゃう

他人に「デブ」と言った人は、29日間刑務所へ入れられる

訴えの内容

被告人は、原告に対して某スナック店内において、「おい、デブ!」「そんなに太ってどうするんだ」「ドラム缶みたいだな」などと侮辱発言を繰り返した。これらの発言は、被害者を侮辱する悪質な発言である。よって29日間拘留の罪に問われるべきである

判決

被告人の発言は、被害者の人格を無視した卑劣極まりない言動である。よって29日間の拘留とする。

●最高裁判所平成18年9月11日決定

「罰金」でなく「拘留」とする判断に疑問

本件の事案は、とあるスナックで飲食中の市議会議員が、客として来ていた女性に、「おい、デブ！」「そんなに太ってどうするんだ」「ドラム缶みたいだな」などという暴言を吐いたとされるものです。

発言内容の酷さもさることながら、その発言をしたのが市議会議員ということにも驚きです。とても市議会議員にふさわしい人物ではありませんね。

しかも、この市議は、女性の夫に注意されても、謝るどころか「デブをデブと言って何が悪い」と全く反省しなかったようです。怒った夫婦は、その後、市議を侮辱罪という罪で告訴し裁判が行われました。

報道によれば、市議は「相手の女性ではなく、お店のママに言ったことだ」などと罪を認めなかったようですが、裁判所は「店の経営者は太った体型ではなく、信用できない」と判断。最終的に最高裁まで争いましたが、有罪となります。

さて、この判決で珍しいのは「拘留」という刑罰が科されていることです。「拘留」というのは、刑罰の一種で、1日以上30日未満、身体を刑事施設に収容されることです。法律上は罰金より軽い罪とされているのですが、最長29日も身柄を拘束されるのは、けっこうキツイ刑罰です。「お金を払って終わり」の「罰金」の方がよっぽど軽い刑罰だと感じる人が多いのではないでしょうか。

拘留には、懲役刑の場合のような「執行猶予（すぐに刑罰を受けるのではなく、一定期間中に悪いことをした時、初めて刑罰を受けることになるという制度）」がなく、罪が確定するとすぐに刑事施設に収容されます。

初犯の懲役刑には執行猶予がつくことが多いことを考えても、やはり拘留は法律の建前以上に重い罪といえそうです。

この被告人がとても酷い発言をしたことは確実で、許されるものではなく、その責任は負わなければいけません。しかし、侮辱罪の刑罰はもともと1万円未満の金銭を徴収される科料と拘留しかなく、刑罰が重い罪とはいえません。にもかかわらず、上限いっぱいの29日の拘留というのは重すぎる刑罰ではないでしょうか？

場所がスナックですから、おそらくこの市議はけっこう酔っ払っていたのでしょう。酔っ払って暴言を吐くのは、日常的にありうることです。それを片っ端から拘留29日とするのはどうなのか……。

もしかしたら裁判官は、暴言を吐いた被告人が市議会議員という公務を担う存在であったことを重くみたのかもしれません。

ちなみに、報道によれば、この被害女性は市議に対して民事訴訟も提起し、慰謝料として30万円が認められたそうです。こちらはとても妥当な判決であるといえます。

巨乳が邪魔して部屋に入れないなら、無罪

訴えの内容

被告人は、交際相手の家のドアを蹴破り、蹴破った穴から通路内に入った。ドアを破壊した点が器物損壊罪にあたる

⬅

判決

審理の結果、胸囲が101センチで、背中から乳首までの距離が29センチある被告人は、横24センチのドアにある穴をくぐり抜けることはできなかったと判断する。この結果やほかの証拠をみると被告人が有罪であるとは証明できない。よって被告人は無罪

●東京高裁平成20年3月3日判決

おっぱいの大きさが争点となり、被告人は逆転無罪!

この判決も、出た直後にはニュースを賑わせました。

問題となった事案の内容は、とある女性タレントが、交際相手の自宅ドアを蹴破り、その穴から通路内に入ってきたというもの。

判決文から読み取るに、被告人はBと交際しており、事件の朝方Bの家を訪れたそうです。その時Bの家には、Cという女性がいました。

Cという女性とBとの関係は不明。判決によれば、その後Bは部屋を出て、コンビニにアメリカンドッグを買いに行きました。そしてBが部屋に戻ると、被告人とCとがつかみ合いのケンカをしていました。

Bは、Cと被告人がケンカをしているのをみて仲裁に入り、被告人を落ち着かせようとしてドアの外に出した際、被告人がドアを蹴破ってその穴から通路内へ入ったと主張しました。最終的に事件の目撃者が110番通報し、被告人は逮捕されてしまいます。

これに対して、被告人はドアを蹴破ったのはBであり自分ではない、また蹴破った穴をくぐり抜けることはできなかったと否定しています。

刑罰の対象となったのは、被告人がドアを蹴破ったかどうかという器物損壊行為でしたが、注目されたのはその女性タレントが実際にドアをくぐり抜けることができたかどうかという点でした。

ドアを蹴破ったかどうかという点と、被告人がドアをくぐり抜けられたかという点は厳密には無関係ですが、ドアをくぐり抜けたという検察側の起訴事実が否定されれば、ドアを蹴破ったという起訴事実にも信用性がなくなり、無罪となる可能性があるのです。

裁判の一審判決では、ドアをくぐり抜けることは可能だったとし、この女性タレントは有罪となりました。しかし、その後の高裁判決では、逆転無罪判決となったのです。

高裁では、弁護人が「そもそも被告人はドアの穴をくぐり抜けることはできなかった」と主張し、その証明として、実際のドアの穴と同じ大きさの模型を作製して、くぐり抜けることができるかどうかの実験を行いました。

その結果、胸囲101センチで胸部前後径（背中から乳首までの距離）が29センチの被告人は、約24センチの穴を通り抜けることはできない、ということになったのです。

私はこの判決で、背中から乳首までの距離のことを、正式名称では「胸部前後径」と呼ぶことを初めて知りました。当時弁護人が検証をした様子は、インターネットなどで検索すると見ることができます。

報道では、巨乳のためにドアの穴をくぐることができなかった、という点が強調されていますが、無罪の原因はそれだけではありません。

関係者であるBや目撃者の供述内容が信用できなかったなどの理由もいろいろとあったうえで、無罪とされています。

無罪となった判決をみると、ドアの穴の大きさや当時の被告人の服装などを緻密に検討し、被告人がドアをくぐり抜けることができたかなどをしっかりと検討しています。

その意味で、とても丁寧で誠実な判決だと思いますが、法廷で被告人の胸部が穴につっかえている様子を真剣に観察したり、胸部の大きさなどを真面目に検討している裁判官の姿を想像すると、ちょっと微笑ましく感じてしまうのは私だけではないでしょう……。

牧師が「迷える子羊」である犯罪者を匿った場合は無罪

訴えの内容

被告人は教会の牧師であるが、建造物侵入等の罪を犯した少年二人を、罪を犯したと知っているにもかかわらず匿った。これは、犯人蔵匿《ぞうとく》罪にあたり罰せられるべきである

←

判決

被告人は、教会の牧師として迷える子羊二人の魂の救済を行ったのである。牧師として正当な行為をした結果であるので無罪とする

●神戸簡易裁判所昭和50年2月20日判決

少年たちを信じ続けた、偉大な牧師さま

教会の懺悔《ざんげ》室で犯人が牧師に罪の告白をし、牧師が静かにこれを聞き「悔い改めなさい」と言う。そんなシーンはどこかのドラマでみたことのある場面ですが、この時、犯罪の存在を知った牧師が迷える子羊である告白者を匿ってしまった場合、法律上どのような問題があるのでしょうか？

実際に、これと同じような事件が起きたことがありました。とある教会の牧師が、犯罪を犯した少年二人を約1週間にわたり匿い、警察からの問い合わせにも「少年たちがどこにいるかは知らない」と隠し通してしまったのです。

通常このように罪を犯した人を、そのことを知りながら匿ったり、逃げるのを手助けしたりすると、犯人蔵匿罪という犯罪になり、2年以下の懲役または20万円以下の罰金に処せられてしまいます。

牧師の宗教上の行為と刑法上の犯罪、どちらが優先されるのかという意味で、どのような判決となるか注目されたようです。

裁判官の出した結論は、被告人は無罪、というものでした。その理由としては、犯罪を犯した少年を更生させる目的で匿うことは、教会の牧師としての正当な業務の一つといえるから、というものでした。

ここで「業務」というといかにも「仕事」というイメージがありますが、時給が発生するような仕事という狭い意味ではなく、繰り返し行う行為、という程度の意味です。法律では、一見すると違法な行為であっても、正当な業務である場合には適法であるという規定があります。

例えば、医者が手術で人の体にメスを入れる行為は、その行為だけを見れば傷害罪にあたりますが、手術で人の体を切るのは医師としての正当な業務行為ですから、許されるということになるのです。

判決文では、牧師の業務内容について「そのうち牧会とは、牧師が自己に託された羊の群（キリスト教では個々の人間を羊に喩える）を養い育てるとの意味である。そこで、牧師は、中に迷える羊が出れば何を措《お》いても彼に対する魂への配慮をなさねばならぬ。即ちその人が人間として成長していくようにその人を具体的に配慮せねばならない。それは牧師の神に対する義務即ち宗教上の職責である」と説明しています。

「魂への配慮をなさねばならぬ」という断定口調から、なかなか力強く情熱を感じさせる内容に思えます。

判決文を読むと、被告人である牧師が少年を更生させようとする強い意志を持っていたことがわかります。ただ単に匿うだけでなく、説教を行ったり、知人の牧師のところで働かせたり、高校への復学の道を懸命に探したり、少年は良い牧師さんに出会ったなぁとうらやましくなります。

実際少年たちは最終的に自ら警察に出頭し、しかもその後、復学し大学にまで行くようになったとのこと。ここまで少年の更生に尽力した牧師さんは、やっぱり有罪にはできません。

真似したもの勝ち？　電子ペットの偽物販売で合法的に一攫千金

訴えの内容

被告会社は、偽物の電子ペット玩具を販売した。これは著作権法違反にあたるから、違法である

判決

電子ペットには美術品のような美しさはない。よって著作権の対象にはならず、無罪

●山形地方裁判所平成13年9月26日判決

意匠登録してなきゃ、文句は言えません

一昔前に流行った「ファービー」という電子ペット玩具を知っているでしょうか？　最初はファービー語という謎の言語を話しますが、何度も話しかけていると言葉を覚え、日本語も話すようになるというおもちゃのことです。流行時には子供や大人を夢中にさせ玩具店で品薄となりました。

この事件の被告人は、そんなファービー人気にあやかって一儲けしようと企みました。ファービーにそっくりな電子ペットを作ったのです。その名も「ポーピィ」。

怪しい名前のポーピィが売れたかどうかは定かではありませんが、このような模倣玩具を販売したことにより被告人は検察に起訴され、著作権法違反の裁判を受けることになりました。

なぜ本物そっくりのおもちゃを作ったのに無罪なのでしょうか？　それは、本家の「ファービー」人形が、著作権法で守られる対象にはあたらないという判断が下されたからです。

そもそも著作権法で守られる著作物には、絵画などの美術品は当然該当しますが、ファービーのように工業的に大量に作られる玩具については対象となるか曖昧でした。

判決は、様々な理由から、工業的に大量に作られる玩具には著作権が認められないとし、例外的にそのような玩具でも、美術鑑賞の対象となるような美しさを備えている場合には対象になると判断したのです。

そしてファービーが、「全身を覆う毛の縫いぐるみから、動物とは明らかに質感の異なるプラスチック製の目や嘴《くちばし》等が露出しているなど」の理由から（いろいろ述べていますが、要はかわいくないということ）、美術鑑賞の対象にはならないと判断し、結局著作権法による保護はないとしたのです。

確かにファービーの顔をみると、いかにもアメリカ製のおもちゃらしい個性的な顔つきをしており、鑑賞用に買う人はいないと思いますから、この判決には納得です。

結果だけみると、人気のおもちゃを真似して売ったもん勝ちになり、おかしいと思われるかもしれません。しかし、おもちゃについては著作権法ではなく意匠法で保護される可能性があり、必ずしも真似したもの勝ちとはいえません。

ちなみにこの判決からは、ファービーを作った会社が意匠登録をしていたかどうかは定かではありませんが、検察側が意匠法違反で訴追していないことからすると、登録がなかったものと思われます。そうであれば、おもちゃメーカーとして脇が甘かったと言わざるをえないでしょう。

なお、判決によると、被告側の弁護人はファービーが著作権の対象とならない理由として、「映画『グレムリン』にでてくる『ギズモ』に似ているから独創性がない」と主張したようです。

確かに似ていますが、被告が思いっきりファービーを真似した玩具を作っておいてこの主張はどうなの……と思ってしまいます。

まあ可能な限り被告人に有利な主張をするのが弁護人の役割ですから、問題はないのですが……。

行きすぎた井戸端会議で名誉毀損?

訴えの内容

被告らは、原告の友人に対して「原告が警察から窃盗犯人として疑われている」「原告が訪問した家で財布がなくなった」「原告は腹黒い、手癖が悪い」などの陰口を言った。これによって原告は精神的に苦痛を受けた。よって、一人100万円の慰謝料を支払え

⬅

判決

被告らの言動は、主婦内の単なるお茶飲み話の域を超える悪質な言動であるから、一人20万円慰謝料を支払え

●仙台地方裁判所昭和59年8月24日判決

人の悪口は、ほどほどに

主婦の井戸端会議。いまではどの程度されているものかはわかりませんが、筆者が子供のころはしょっちゅう見かける光景でした。

井戸端会議でどのようなことが話されていたのか、当時の私は知るよしもありませんが、少なからずご近所の夫婦や子供のうわさ話、陰口なども話されていたことでしょう。

他人の不幸は蜜の味という言葉もありますが、他人のうわさ話も度がすぎると違法な行為になってしまうので気をつける必要があります。

この判決は、とある家庭の主婦がご近所の主婦たちから行きすぎたうわさ話をされ、これに対する慰謝料請求が認められた、というもの。判決によれば、ご近所の主婦らの行きすぎたうわさ話は、原告が仕事に行き始めたころから始まったようです。

原告が専業主婦をやめて仕事をやり出したのに嫉妬したのかどうかはわかりませんが、被告の主婦たちは、原告の友人に「原告がこの前家に来たら、セーターがなくなったのよ」と原告を泥棒扱いするうわさを流しました。

その後もうわさ話はエスカレートし、原告と同じ化粧品会社に勤めている原告の友人に対し、「原告のように浅黒い人を化粧品のセールスに誘ってもダメでしょう」「原告は手癖が悪い」と言ったのです。

また、原告が泥棒の犯人として警察署に目をつけられている、原告が訪問販売をした時に財布を盗んだ、などとも言い出しました。そして原告宅に匿名の手紙が届き、そこにも原告が泥棒であり財布を盗んだ、と書いてありました。

このようなしつこい被告らの言動に原告は精神的に疲れてしまい、会社を退職し、ついには住んでいる住居も引っ越す意思を固めるまでに至りました。

そこで原告が被告らを訴えたところ、一人あたり20万円を支払え、という判決が下ったのです。

うわさ話をしていた主婦たちの言動は悪質ですが、おそらく本人たちも、主婦同士のうわさ話や井戸端会議で名誉毀損が成立し、慰謝料を支払わなければいけなくなるとは思ってもいなかったことでしょう。

刑法上の名誉毀損罪が成立するには、「公然と」名誉毀損をしていることが条件です。

「公然と」というのは、不特定多数の人が知りうる状態のことをいいます。慰謝料請求などの民事上の名誉毀損が成立する場合にも、刑事と同様に「公然と」すなわち不特定多数が知りうる状態でされることが必要と、考えられています。

井戸端会議というのは、少人数の間で行われるものですから、刑事上も民事上も名誉毀損が成立するというのは考えにくいことです。

それにもかかわらず、民事上、名誉毀損として慰謝料請求が認められた点が本判決の注目点なのです。

なお、この判決は民事上の名誉毀損が成立するとした判例で、刑事責任として名誉毀損が成立するかどうかは明らかではありません。しかし、民事上で名誉毀損が成立したとなると、刑事責任としての名誉毀損が成立する可能性も十分ありえます。

刑事上の名誉毀損は3年以下の懲役もしくは禁錮または50万円以下の罰金という重罪です。これまで井戸端会議で刑事上の名誉毀損が成立した判例は見たことはありませんが、くれぐれも他人のうわさ話や陰口は行きすぎないように注意しましょう……。

¥1,000,000と壱百円の両方の記載がある手形の価値は100円

訴えの内容

約束手形の金額について、手形上に¥1,000,000-との記載と、『壱百円』という記載が二つある場合、その約束手形の金額については、100円ではなく、100万円と解釈すべきである

←

判決

約束手形の金額の記載については、漢数字の記載を優先し、この約束手形の金額は100円である

●最高裁判所昭和61年7月10日判決

裁判官の間でも意見が割れた事案

約束手形というのは、その手形を持っている人が、書いてある一定の金額の支払いを、同じく記載された期限後に受けられることが約束された有価証券のことです。

一般の人には馴染みが薄いかと思いますが、商取引の場面ではそれなりに使われています。小切手と同じようなものと思っていただけばイメージがしやすいでしょう。

手形には通常、漢数字とアラビア数字で金額が記載されており、当然ですが、両者の数字は同じ数字になっています。

では、その漢数字とアラビア数字が異なっていた場合、手形の所有者はどちらの額を支払ってもらえるのでしょうか？

これが問題となったのがまさに今回の判決です。この事例では、手形上に『壱百円』と¥1，000，000という数字が記載されていました。お金を支払う側の手形の作成者が、漢数字の「万」を書き落としてしまったのでした。

手形を受け取った所有者からすれば、100万円か100円かでは天と地ほども結果が異なってしまいます。裁判所はどちらの判断をしたのでしょうか？

なんと裁判所の下した判決では、この手形の価値は100円である、としたのです。理由は、法律上約束手形には「文字で金額を記載する」という条文があるから、当然文字である漢数字が優先されるというものです。確かに文句のつけようもない理由ですが、なんとも杓子定規です。

常識的に考えて、わずか100円という少額のお金を手形で払う必要はありません。それなら100円玉を渡せばいいだけです。

また、約束手形には、額面が100万円以下の場合には100円の収入印紙を貼る必要があるのですが、この約束手形には100円の収入印紙が貼ってあったのです。

100円の支払いをするのに100円の印紙代をかける人はまずいません。したがって、この手形の額面は100万円であることは明らかだと思います。

そう考えるとこの判決は、あまりに形式的、機械的な判決で納得できるものではありません。

実際、最高裁判所の中でも全ての裁判官がこの結果に賛成という訳ではなく、判決文の最後に一人の裁判官の反対意見が書かれています。

しかし、最高裁の判決ですから、いかに不合理だと思っても従わざるをえません。万が一約束手形などを受け取る時には、漢数字とアラビア数字の金額が一致しているかどうかしっかりと確認しましょう。

現金なのにみんなで分けることができないという不思議

訴えの内容

父親が死亡し多数の不動産等と現金6000万円が相続されることになった。相続人は母親と子供たちであるが、遺産分割の話し合いが揉めてしばらく解決しそうにない。したがって、とりあえず法律上の取り分に応じて、現金6000万円を分けてその一部を支払うように求める

←

判決

遺産分割の話し合いが成立していない以上、現金であったとしても、それを分けることはできない

●東京高裁昭和63年12月21日判決

遺産相続の決着がつくまで、現金は分けずに残しておきましょう、という話

血で血を洗う争いになることも多い相続トラブル。当事者間で話し合いによる解決がどうしてもできない場合、裁判所の判断を仰ぐことになります。そんな相続トラブルに対する判決にも、想定外の判決結果となっているものがあります。

判決の事例を簡単にして紹介します。ある時、Aさんが、たくさんの不動産と現金6000万円を残して死亡してしまいました。残された相続人は、Aさんの奥さんBさんと、C、D、Eさんの三人の子供たちです。

不動産と現金をどのように分けるか話し合いをしましたが、みんな1円でも多く取ってやろうと必死になり、一向に話し合いがまとまりそうにありません。

そんななか、お金に困っていた子供のCさんは、とりあえず現金の一部だけでもほしいと考えて、法律で決まっている取り分（この場合妻Bさんが2分の1、子供たちはそれぞれ6分の1ずつ）である1000万円を、現金を管理している母であるBさんに請求したのです。

前提として知っておいて頂きたいのは、相続の対象となる財産のうち、銀行預金については、相続財産全体の話し合いがまとまっていなくても、法律上の取り分をもらえることが判例で決まっているということです。

例えば、本件でAさんが6000万円を銀行預金にして残していたなら、Cさんは1000万円を銀行から支払ってもらえるのです。

銀行預金であれば請求できるのですから、現金なら当然できるだろうと考えて、Cさんは裁判を起こしました。

しかし、判決の結果はCさんの要求を認めないというもので、現金は遺産分割の話し合いがまとまる前に分けることはできない、とされてしまったのです。

この判決を受けてCさんは信じられない気持ちであったでしょう。Aさんが亡くなる前に銀行に預けていたか、現金で持っていたかによって、結果が全く違ってしまうのです。現金は、きっちりと分けることもそれを引き渡すことも簡単です。それにもかかわらず分割ができないというのは、とても不思議です。

判決の理由として挙げられたのは、「相続人は共有財産上に持分権を取得したにすぎない」というものでした。わかりやすく言えば「財産をもらえる期待があるにすぎない」ということでしょうか。

理由がどうであれ、Cさんに納得できる結論ではなかったことでしょう。

裁判所は、なぜこのような判断をしたのでしょうか。実際の相続の場面では、現金は土地や建物といった分けることが難しい財産を公平に分ける際の調整として使われることが多くあります。そのため、それ用に残しておきなさい、というのが裁判所の本音だったのでしょう。

近々相続に関わりそうな人や、将来自分たちの家族に相続争いをしてほしくない、という人は、注意が必要です。預金を引き出すかそのままにしておくかで、全く違った結果となることを知っておいて下さい。

宿帳に自分の名前・住所を正しく書かないのは犯罪

訴えの内容

被告人は、旅行で3か所の旅館に泊まったが、いずれの旅館でも宿帳に嘘の名前と住所を記載したという罪で旅館業法違反となり、合計60日間の拘留との判決が出た。しかし、宿泊者に宿帳への氏名や住所の記載を義務づける旅館業法は憲法に反し無効であるから、被告人は無罪である

←

判決

旅館業法は憲法に反するものではないから、被告人は有罪である。しかし拘留60日は刑として重いので破棄する

●最高裁判所昭和42年12月21日判決

後ろめたいからって、嘘をついちゃいけません

ホテルや旅館などでチェックインをしようとすると、必ず宿帳に名前や住所、場合によっては職業などを書くように求められます。当然のように行っていることですが、実はこれ、法律の規定に基づいて行われているということは知っていましたか？

旅館業法という法律があり、そこに「営業者は、宿泊者名簿を備え、これに宿泊者の氏名、住所、職業その他の事項を記載し、当該官吏（筆者注・監督者である保健所の職員）の要求があったときは、これを提出しなければならない」「宿泊者は、営業者から請求があったときは、前項に規定する事項を告げなければならない」という規定があります。

これに違反した際には、拘留または科料という刑罰に処せられます。

本件はこのような宿帳への嘘の記載が問題となりました。被告人は、妻との旅行の際に3か所の旅館に宿泊しましたが、3か所とも嘘の氏名と住所を記載したというのです。

被告人がなぜこのような嘘の記載をし、それがバレたのか詳細は判決からは明らかではありませんが、どうやらこの被告人の妻には犯罪歴があったらしく、被告人はそのことが

旅館側に知られないようにするため嘘の記載をしたようです。

そして、旅行中に妻が窃盗行為をし、夫である被告人が窃盗の共犯者として取り調べを受けたことから発覚したようです。

この罪について裁判が行われ、下された判決はなんと一つの嘘の記載について20日間の拘留で、合計60日間の拘留でした。拘留というのは、刑事施設に入れられてしまうという罰ですから、約2か月もの間シャバに出られないことになってしまうのです。

これは宿帳の記載で嘘をついたという罪に対する刑罰としては、あまりにも重すぎるように思えます。

そもそも宿泊者名簿は、食中毒や伝染病が発生した場合にその発生原因の追及などのために義務づけられたものです。最近では、テロや犯罪防止といった目的もあるでしょう。そのような目的は確かに重要です。

しかし、その人が、どこの誰さんといつどこに宿泊したのか、というのは、見方によってはプライバシーに関わる重要な情報であり、他人に知られたくないがために嘘の記載をしてしまうというのも、ある程度理解できます。

例えば有名人がお忍び旅行に来ている場合など、その情報が漏れると本人に大きな損害が発生する可能性があります。

店舗のアルバイト従業員などが、低いモラルから有名人などの個人情報をネット上に漏らす例が多々発生している状況からするとなおさらです。

この判決を受けた被告人は、刑罰が重いことと、この旅館業法の規定が移転の自由を保障する憲法などに違反するとして、最高裁判所へ上告しました。

最高裁判所の判断は、憲法に違反するとはいえないというものでした。しかし、1件の嘘の記載について20日の拘留は重すぎると判断し、判決を破棄しました。

後の裁判では1件につき500円の科料となり、結局被告人は刑罰として1500円を支払ってすみました。

ちなみに、宿帳に嘘の氏名住所を記載することが多い理由の一つは、愛人との不倫旅行などがあります。

実際、不倫旅行の際、宿帳に正直に自分の氏名と住所を書いた男性が、後日宿から「先日は奥様とご宿泊いただきありがとうございました」という礼状が家に配達され、不倫が発覚し離婚を求められた、という相談を過去に受けたことがあります。

嘘を書きたくなる気持ちは十分わかりますが、あくまで法律違反ですので、ご注意を。

落語鑑賞中は絶対に寝てはいけない

訴えの内容

原告は、落語会の観客であるが、落語の上演中居眠りをしてしまった。そうしたところ、落語会の主催者である被告は、「とにかくお帰り下さい」などと言って、原告を無理やり退席させた。これは客である原告に対する不法行為であるから10万円の損害賠償金を支払え

←

判決

居眠りをした観客が悪く、主催者側に責任はない。よって、原告の請求は棄却する

●飯田簡易裁判所平成11年4月21日判決

「金を払ったら何をしてもいい」は通用しなかった

落語や音楽の演奏会などで、思わず居眠りをしてしまったという経験をお持ちの方はいるでしょうか？　そのような人は、今後気をつけて、絶対に居眠りをしないようにしましょう。なぜなら、居眠りなどをした場合に、主催者側から退席させられても文句は言えないからです。

このことを明らかにした判例が本件で、いわゆる「落語居眠り訴訟」と呼ばれる有名な判決です。事案は次のとおり。

ある日、現在は故人となっている有名落語家の落語会が開催されました。原告である居眠りをしてしまった男性は、この落語会の開演前に弁当を食べながらビールを1本飲んでいました。

落語を聞きながらいい気分になってしまったのでしょう。うとうとと居眠りをしてしまいます。

原告の男性が座っていたのは、運悪く？　客席の最前列中央で、有名落語家の目に留まりやすい場所でした。

落語家は、堂々と居眠りする客を見て不機嫌になります。「お父ちゃん寝ちゃって大丈夫かい」「目のあたりで寝てんのはかなわねぇ」「連れて帰ってくれたほうがいいですよ」「ズバッといやあ目障りだ」など、最初は寝ている客をネタにしつつ話をしていましたが、終《しま》いには「やる気なくなっちゃったよ」と言って高座を降りてしまいます。

焦ったのは主催者側の担当者です。なんとか落語会を続けさせるべく、居眠りをした男性に話をし、退席してもらうように説得します。

しかし、居眠りした男性もすんなり帰る人ではなく「金を払ったんだから何をしてもいいだろう」と言って譲りません。最後は主催者側の男性が土下座をして退席してもらうことになりました。

怒りが収まらない男性は、その後、主催者側を提訴し裁判となったのです。

このような訴えに対して裁判所が出した結論は、請求棄却。主催者側の行為に問題はなく、居眠りした男性は退席させられてもやむをえないと判断しました。裁判所は、その理由として、講演会や演芸会では、演者と鑑賞者の姿勢がお互いに影響して盛り上がりにつながるため、それに反する行動をする客に対しては、ほかの観客の利益保護の見地から退席させることも許されると判断しています。

原告の男性が「金を払ったんだから何をしてもいいだろう」と言ったように、日本ではお客様は神様であるという風潮がありますが、この判決からは、必ずしもそうでないことがわかります。くれぐれも注意しましょう。

ところで、出演していた落語家は、歯に衣《きぬ》着せぬ発言をすることで有名な人物でした。それにもかかわらず、目の前で堂々と居眠りをする原告男性は、なかなかの怖いもの知らずであったと思われます。

コラム2

判決にも「大人の事情」がある?

法律には「事情判決の法理」という考えかたがあります。これは、とある行政処分について違法であるが有効、という法律理論のことです。

ある村で、村民の土地の一部を、国が強制的に収用して国の所有とし、そこに巨大なダムが建築されました。しかし、後にその土地の収用手続きに不備があることがわかり、地主であった住人が、「土地収用に不備があったのだから無効である。土地を原状に戻して返せ」と裁判を起こします。

法律では通常、違法な行為は無効になる、とするのが原則です。それでいくと、国はダムを全部壊して住人に土地を返さなければなりません。

しかし、巨大なダムを壊すのは現実的ではありません。そこで、「事情判決の法理」によって、土地の収用は例外的に「違法であるが有効」としました。まさに、「筋は通ってないけど、うまく収めましょう」という意味で、「大人の」事情判決といえます。

この法理は、選挙が違憲であった場合にも使われています。最高裁判所の昭和51年4月14日判決は、一票の格差が大きかった国政選挙について、違憲であったとしつつ、選挙自体は有効としています。

選挙法が違憲であったとしたら、選挙自体も無効です。そうなると、有効な選挙で選任された国会議員が一人もいなくなり、大問題になります。そのため、事情判決の法理で、「選挙は違憲だが有効」としたのです。

この問題点は、多用しすぎると、結局「やったもん勝ち」になり、違法であっても既成事実さえ作ればOK、ということになりかねません。「大人の事情」もわかりますが、裁判所にはなるべく使わないでもらいたいところです。

なお、近年では弁護団による一票の格差是正を求める選挙無効訴訟が数多く提起されています。その裁判の中では、高等裁判所において、選挙が違憲であるだけでなく「無効」とする判決も複数出ています。最高裁判所で「無効」判決が確定した例はまだありませんが、このまま一票の格差が是正されない場合、最高裁判所が選挙を「無効」と判断する可能性がないとはいえません。

第3章 不思議！　非常識！
なんでこんな判決が？

NHKとの契約は、断っても2週間後に自動的に成立

訴えの内容

被告は、家にテレビがあるにもかかわらずNHKの受信料を支払っていない。NHKとの受信料支払い契約は、被告が承諾していなくても成立するものであるから、被告はいまから遡って支払っていない分の受信料を支払え

➡

判決

テレビを持っている人は、NHKと契約をしなかったとしても、NHKが受信料支払いの契約申し込みをしてから2週間経過すれば受信契約が成立することになる。したがって、被告はいままで支払っていなかった受信料を支払え

●東京高裁平成25年10月30日判決

「契約」の前提が覆されたNHKの受信料支払い問題

読者の皆様はNHKの受信料を支払っているでしょうか？

NHKの受信料については、「集金に来ても居留守をすれば大丈夫」「家にテレビがないと言いはれば大丈夫」など、支払わない方法についての様々な都市伝説が飛び交っていることと思います。

この判決は、まさにNHKの受信料を支払う義務があるかどうかが争われた事案です。被告はテレビを保有していましたが、NHKからの受信契約を拒み続け、当然受信料の支払いも拒み続けていました。

そこでNHKが被告を訴えた訳ですが、その理屈が目新しいもので、NHKは「受信契約をしていなくても、NHKが受信契約を求めればその時点から法律上、当然契約が成立する」「法律上、当然、成立しなくても、契約の申し込みをNHKがしてから2週間経過すれば契約が成立する」という根拠を持ち出したのです。

法律の大原則として、契約というのは本人と相手が合意した場合だけに成立します。これはわざわざ法律上の大原則などと言わなくても当たり前のことです。

例えば、コンビニに入ったけれどもなにも買うものがなく、出てきた時に「コンビニに入った時点で少なくとも100円の商品を買うことになっています」と言われたら、とんでもないと思うはずです。

このような法律の原則を踏まえ、どのような判決が出るのか注目されていました。

結果は、「NHKがテレビの保有者に対して受信契約の申し込みをしてから2週間が経過すれば、受信契約は成立する」というものでした。

これは、契約が当事者双方の合意によらず片方の当事者の一方的な行為で成立するという意味で、これまでの法律の考え方をひっくり返してしまう考え方です。

案の定ネット上では話題になりました。「NHKによる押し売りが法律で認められてしまった」「合意がないのに契約が成立するのはおかしい」などなど、批判がありました。

確かにこれが認められてしまうと、契約ってそもそも何？　という話になってしまいます。

この高裁の判決を受けて、各地の地方裁判所や簡易裁判所で同じような判決が出ており、その度に批判が起きています（例えば、平成27年6月26日堺簡易裁判所判決）。

この争点については高裁までの判決しかなく、最高裁判所の判決がまだありません。最高裁判所は、最終的な法律判断をする場所ですから、最高裁がどのような判決をするか注目されるところです。もし高裁の判断どおりに、合意がなくても契約が成立するとすれば、法律の大原則が覆される結果となり議論を呼ぶでしょう。

ちなみに、報道などの情報によれば、NHKは「相手は確実にテレビを持っている」という証拠を掴んでいる場合に限り裁判を起こしているようです。

NHKの集金人には、個人の家の中に入ってテレビがあるかないかを確認する権限はありませんから、NHKが契約対象者のテレビ保有の有無を確認する機会は限られています。

この判決のケースでNHKがどのようにテレビがあることの確認をしたのかは明らかになっていませんが、例えばBS放送中に出る受信機設置の連絡を促すテロップを消してほしいと原告がNHKに電話したので、テレビがあるのに受信料を払っていないことがバレた、というような事情があったのかもしれません。

自分の家なのに住居侵入罪が成立する不思議

訴えの内容

被告人は、妻と別居中であるにもかかわらず、妻の浮気の現場を証拠として押さえようとして、妻の住んでいる家に侵入した。この家は、被告人の所有名義となってはいるが、このような行為は許されるものではなく、被告人には住居侵入罪が成立する

←

判決

確かに、この家は被告人の名義となっているが、長期間別居している以上、被告人は妻の意思に反して住居に侵入したといえる。よって有罪

●東京高等裁判所昭和58年1月20日判決

別居期間が長いと不利になる⁉

住居侵入罪とは、正当な理由がないのに人の住居に侵入する罪のことをいいます。

この住居侵入罪は、例えば泥棒が人の家に勝手に入ってくる場合などに成立しますが、状況によっては自分の家に入った際にも成立する可能性があるのです。

なぜ自分の家に入っただけなのに、住居侵入罪が成立してしまうのでしょうか。

本件の被告人は、奥さんと離婚をするための話し合いをしており、約2年6か月の間、別居状態にありました。奥さんが、被告人名義の家にそのまま住み続け、被告人が家を出て別居をしているという状況です。

被告人は離婚の話を進めていましたが、なかなか進まなかったため、奥さんが浮気をしている現場を押さえ、証拠を確保しようと思い、別居後も奥さんが住んでいる家に侵入しました。判決から読み取れる限りでは、この被告人は離婚を前提とした妻との財産分与の話し合いを進めるに際し、慰謝料請求をできるようにするなど、財産分与を自分に有利な方向へ持ち込もうとする意図で浮気現場を押さえるという行動に出たようです。

被告人としては、別居しているとはいえ、家の登記簿上の名義は自分になっていますし、合鍵も持っています。

また、離婚自体は成立しておらず、いまだ奥さんとは法律上夫婦という関係ですから当然許されると思ったのでしょう。

裁判において、被告人はこのような状況を説明し、自分が無罪であることを訴えましたが、裁判所はこれを聞き入れてくれず、被告人を有罪としました。

その理由は、被告人がすでに別居して2年6か月以上経過しており、婚姻関係は事実上破綻していたのだから、被告人は奥さんの意思に反して住居に侵入したと判断する、というものでした。家が被告人名義であったことや合鍵を持っていたことは、判決では考慮されなかった訳です。

確かに別居が2年半続いていたという事情があったのはわかりますが、自分名義の家であるにもかかわらず、その家に入るのが許されないというのは酷な話です。自分の物であっても自由に使えないということですから、その判断は慎重にすべきです。

離婚で揉めるような場合に、2年半程度別居が続くことは珍しくありません。法律上は確かに、住居侵入罪は、住居の所有者であるかどうかにかかわらず住人の意思に反する立ち入りがあった場合に成立するとされていますが、2年半という別居期間を根拠に、自分の家に入れないと判断するのは、厳しすぎると思います。

ちなみに、この被告人は浮気の証拠を確保するために自宅に入ったようですが、浮気の証拠を手に入れるためによく利用されるのが、探偵を使うという方法です。

しかし、一般的に探偵への依頼はものすごくお金がかかります。場合によっては100万円を超える費用がかかる場合もあります。

この被告人も探偵費用を抑えるために、自分で証拠をつかもうとしたのかもしれません。証拠を手に入れるために活動すること自体は違法ではありませんが、長期間の別居などが続いた場合には、自分の家に入るのも注意が必要というのは覚えておいた方がよさそうです。

古新聞、勝手に持ち帰ったら罰金刑

訴えの内容

被告人である古紙回収業者は、住民が出した古新聞を勝手に回収した。よって、条例により罰金刑に処すべきである

←

判決

古新聞を勝手に持ち帰ってはいけないという条例は憲法違反ではない。よって被告人は罰金20万円の有罪

●最高裁判所平成20年7月17日判決

地区によって異なる古紙回収のルール

捨ててあるゴミを拾ってきたら、犯罪となるでしょうか？

法律の理屈でいえば、ゴミというのはもともとの所有者が所有権を放棄して捨てたものです。よって誰の物でもない訳ですから、それを持ち帰っても犯罪にはならないと考えられています。では、このゴミが古新聞であった場合も同じでしょうか？　この点が争われたのが、この判例です。


本件で問題となっているのは、東京・世田谷区の清掃・リサイクル条例です。この条例は、区が指定する業者以外の者が、古新聞を回収することを禁止し、違反した場合には罰金刑に処するということが規定されています。

そもそもこの条例が制定されたのは、同区で区の指定した業者以外のリサイクル業者が、区の定めた収集場所から勝手に古新聞を回収したことが問題視されたためでした。

このようなリサイクル業者の行動に対し、区民からの批判が多くなり、区が条例を定めたということでした。

訴えられた業者側は、この条例が職業活動の自由や財産権などの憲法上の権利に違反するとして争いましたが、結果として裁判所はこの条例が憲法に違反することはないと判断し、被告人を有罪としました。

古新聞は、もともとの所有者が所有権を放棄して捨てた物である、と考えれば、ただのゴミを集めただけなのになんで違法なの、という考えにつながります。

回収したリサイクル業者もそのような考えかたをしていたのだと思います。確かに理屈で考えればそのようにいえるでしょう。

しかし、古新聞は古紙として再利用することができ、お金に換わる価値があるものです。区などの行政側は、それを見越して収集所を定めたり回収業者に依頼などをして回収のための活動をしています。

それにもかかわらず、そういった活動や準備をしていない指定外のリサイクル業者が古新聞だけを持って帰ってお金に換えるというのは、やっぱりズルい話だと思います。

したがって、法律的には少しすっきりしない部分がありますが、納得できる判決といえるでしょう。

日本が売られる

堤　未果

21.3万部

日本には美しい自然があって、おいしい食べ物があって、治安や医療、介護環境も世界一。そう思う日本人は多いが、これらは全て過去の遺産になりつつある。日本人が知らぬ間に様々な法改正がなされ、米国や中国を始めとする海外勢が日本の資産を食い潰そうとしているのだ。気鋭の国際ジャーナリストが緻密な現場取材と膨大な資料をもとに書き下ろした一冊。

●946円

日本が飢える！
世界食料危機の真実

山下一仁

2刷

近年、問題になっている世界的な食料不足が、ロシアのウクライナ侵攻で一気に深刻化した。食料の多くを輸入に頼る日本でも、憂慮すべき事態が進行している。長きにわたる減反政策で米の生産が大きく減り続け、余剰も備蓄もない状態なのだ。軍事危機で海上交通路を破壊されたとき、国は国民にどうやって食料を供給するのか？　元農林水産省官僚による緊急警告。

●990円

人間の器

丹羽宇一郎

5.3万部

「器が大きい人」というと、どんな人をイメージするだろうか。著者は「自分に何の利益がなくとも他人のために行動できる人」だという。私欲を封印し、他人のために何かを成すのは、そう簡単ではない。器を大きくしようと無理をすると、かえって器は小さくなってしまう。ならばどうすればいいのか？　本当の意味で器を大きくするための心のありようや生き方について詳述。

●924円

ちなみに冒頭で、ゴミであれば持ち帰っても問題ないと書きましたが、これはあくまで理論上の話です。

ゴミ捨て場に置いてあるゴミは、そのゴミ捨て場の所有者が占有している物であり勝手に持ち出してはいけない、という判断もありますし、ゴミ捨て場にあっても本当に所有者が捨てた物ではなく、例えば、盗まれて捨てられた物である可能性もあります。

そういった場合には、犯罪が成立する可能性がありますので、くれぐれも注意して下さい。

番号案内の女性にプロポーズしたら懲役1年執行猶予4年

訴えの内容

被告人は、電話番号案内のオペレーター女性に対して、約2600回にわたり「俺の嫁になれ」などというイタズラ電話をかけた。業務妨害罪として処罰すべきである

←

判決

他者の迷惑を顧みない身勝手な犯行。懲役1年執行猶予4年

●名古屋地方裁判所平成17年12月28日判決

NTTさん、料金システムを見直すべきでは？

電話番号案内サービスを利用したことはあるでしょうか？　104番に電話すると、オペレーターが対応してくれ、知りたい番号を音声で流してくれるサービスです。インターネットでなんでも調べられる現代では、あまり使われなくなったサービスですが、本判決はこの番号案内を巡る事件でした。

被告人は、63歳の男性。2か月間にわたりこの104番に電話をかけまくり、オペレーターの女性になんども「俺の嫁になれ」などの発言をするというイタズラ電話をしたのです。その回数はなんと約2600回。もはやイタズラと呼ぶにはふさわしくない犯罪的な数字です。2か月間で約2600回ということですから、一日あたり約43回。よくもまあこんなに電話ができたものです。犯行の動機は、「伴侶に先立たれ寂しかった」というもの。

このように番号案内の女性に何度も電話をかけたことで有罪となっている事件は、けっこうあります。

それらの裁判では、「オペレーターに怒られるのが嬉しかった」「オペレーターの声が聞きたかった。テレビは話しかけても答えてくれない」などという被告人の動機が明らかにされています。

このような動機や本判決被告人の「伴侶に先立たれて寂しかった」という動機を知ると、人は皆寂しがりやで、人とのコミュニケーションを求める生き物なのだということがしみじみわかります（だからといって許されるものではありませんが……）。


ちなみに、2600回も番号案内に電話をかけて代金はいくらかかるのだろうか、と疑問に思い調べてみました。すると、番号案内では月に1件案内した場合には1件60円、2件目以降は90円かかるらしいのですが、実際に案内しない限りこの料金は発生しないのだそうです。したがって、本件の被告人のように番号案内を要求せずに「俺の嫁になれ」と言い続けた場合、利用料金は一切発生しないことになります。

これを聞くと、やはり本件の被告人は許せませんね。本人にとっては無料のキャバクラ気分だったのかもしれません。

それにしても番号案内しなければ利用料は無料というのは、NTTさんは良心的すぎる気がします。少しでも料金を取るようにすれば、イタズラ電話も減ると思うのですが……。

村八分で嫌がらせした人の責任は一人あたり20万円

訴えの内容

被告らは、原告らをいわゆる「村八分」にして、ゴミ収集箱を使わせないなどのいじわるをしている。すぐにこのような行為をやめることと、一人につき100万円の慰謝料を支払え

⬅

判決

被告らの行為を「村八分」と呼ぶかどうかはともかくとして、被告らは違法なことをしている。したがって、嫌がらせ行為を中止するとともに、一人につき20万円の慰謝料を支払うように求める

●新潟地裁新発田支部平成19年2月27日判決

「村八分」は裁けるの？

村八分という言葉を知っているでしょうか？　村のルールなどを破った人を、それ以外の人が申し合わせてのけものにすることをいいます。

八分とは、村における主な交際ごと10のうち、火事と葬式以外は付き合わないということを意味しているそうです。

日本昔ばなしの時代にしか起こりえない事件のような気がしますが、村八分が問題となった判決は、平成時代以降にも数件は存在しています。

本判決の事件は、平成16年に起きました。36戸で構成する、とある集落では、毎年岩魚《いわな》つかみどり大会をしていたらしいのですが、住人の一部がその大会に参加しないと言い出しました。

というのも、その大会は実質的に村を牛耳っていた区長ら3名の村人が強引に住人を巻き込んで開催しており、住人は準備が忙しいこと、お盆の時期に開催されることなどから参加を嫌がっていたのです。

一部の住人が大会に参加しないことを告げると、中心となっていた3名の住人が、参加をやめた住人たち11人に対し「村八分にするぞ」などと言いました。

そして実際に、村のゴミ収集箱を使わせない、集落内の山でキノコなどを採取させない、集落施設の使用禁止、広報誌を配布しないなどの嫌がらせ行為をしてきたのです。

嫌がらせを受けた住人が、たまりかねて嫌がらせをした住人を相手取り、嫌がらせ行為の中止と一人あたり１００万円の慰謝料請求をしたのです。

判決は、３名の住人による嫌がらせ行為を認め、その中止と一人あたり20万円の慰謝料の支払いを命じました。

村八分というと、被害にあった人は泣き寝入りせざるをえないというイメージがありますが、このように出るところに出れば救済されるという意味では、とても意義のある判決です。

村八分は、閉鎖的な集落だけで起こるとは限りません。最近は世帯数の多い高層マンションが増えており、マンション内でのいじめや村八分というべき現象が起きているとも聞きます。いつ自分が被害者になるかはわかりません。法律的な解決も可能なのだということをぜひ知っておきましょう。

自分の妻であっても強姦罪は成立する

訴えの内容

被告人は、離婚協議中で妻と別居していたにもかかわらず、妻を脅迫して強引にセックスをした。夫婦であっても、このような強引なセックスは許されるものではない。よって、被告人には強姦罪が成立する

判決

夫婦には、相手方のセックスの求めに対してこれに応じる義務がある。しかし、暴行や脅迫をしてセックスをすることは許されない。よって被告人は強姦罪として有罪となり懲役3年執行猶予4年

●東京高等裁判所平成19年9月26日判決

夫婦であったとしても、無理やりはいけません

法的な考えかたでは、婚姻関係にある夫婦においては、相手からのセックスの求めに対して、これに応じなければいけないという義務があると考えられています（ちなみに「夫婦はセックスをしなければならない」というような条文がある訳ではありません）。

とある判例では「婚姻中の夫婦にとって、性生活は、互いの愛情を確かめ、子を持つことにもつながる極めて重要な要素であり、夫婦の一方は、それぞれ他方に対し、性交渉を行うことに協力すべき一般的義務を負うということができる」との判断をしており、この判決などから、夫婦にはセックスに応じる義務があると考えられています。

すると、例えば夫が嫌がる奥さんに対して強引にセックスをしたような場合、一切犯罪は成立しないことになるのでしょうか？

この点が争点となった判例が本件です。

本件の被告人は、妻と離婚のための家事調停中で、別居していました。妻との離婚協議を続けている途中に、妻を自宅に呼び出し、妻に対して「やらせろよ。早く服脱げよ。や

るのかやらないのか、どっちなんだ。やらせなきゃこれから店に行けなくなってもいいのか」などと言って、セックスに応じなければ奥さんの働いているお店に自分が行って、お店で働けなくしてやると脅して強引にセックスをしたというのです。

被告人側は、法律上は夫婦が相手の求めに応じてセックスを受け入れる義務を強調し、夫婦間で強姦罪は成立しないと主張し無罪を訴えました。

裁判所は、夫婦にはセックスに応じる義務があることを前提にしつつも、「それを実現する方法が社会通念上一般に認容すべきものと認められる程度を超える場合」には、強姦罪が成立するとしました。

「社会通念上一般に認容すべきものと認められる程度」というのはわかりにくい表現ですが、ようするに「常識的かどうか」ということで、セックスに応じなければ仕事をできなくさせてやる、という今回の脅迫行為は常識的に許されない、と判断されたのでした。

夫婦間でも相手の意思に反してセックスをすれば強姦罪になると考えると、例えば夫が奥さんを誘った際、奥さんが「疲れているから」などと拒否したが、夫が我慢できずに強引にセックスした場合も、相手の意思に反したセックスとなり、強姦罪が成立するのでしようか。

このような疑問に対して、裁判所はきちんと答えてくれています。

「もっとも、こう解すると、通常の婚姻関係が維持されているなかで、例えば、偶々《たまたま》妻が気が乗らないという理由だけで性行為を拒否した時にも、夫に刑が重い強姦罪が成立することになり、刑法の謙抑性（刑法は、違反者に対して刑罰という重大なペナルティを科す強力な効果を発揮するものであるからできるだけ避けるべき、という意味）の観点から問題があるという批判もあり得ようが、そのような場合に、そのことが妻から訴えられるということも考えにくく、あくまで理論的な問題にとどまるともいえる」

つまり、この裁判官は、実際夫が多少強引にセックスしても妻が夫を訴えることは考えにくいから大丈夫、と言っているのです。そんなことは考えにくいから大丈夫、というのは少々荒っぽい気がします。実際に妻が訴えたらどうなるかは、裁判が始まってみないとなんともいえません。

どちらにせよ、夫婦円満と自分の身を守るためには、お互いの同意のうえでセックスをすることが重要なのは間違いないでしょう。

覚せい剤使用、言い訳すれば無罪となる？

訴えの内容

被告人は、覚せい剤を使用したので処罰されるべきである。被告人は、妻の缶酎ハイの残りを飲んだところ、その中に妻が使用した覚せい剤の残りが入っており、知らずに覚せい剤を摂取してしまったと主張するが信用できない

←

判決

被告人の言うとおり、妻の飲み残した缶酎ハイを飲んで、知らずに覚せい剤を摂取していた可能性もある。よって被告人は無罪である

●東京地方裁判所平成24年4月26日判決

覚せい剤使用事件としては珍しい、無罪が認められたケース

時おり、有名人が覚せい剤を使ったということでニュースになることがあります。

このように覚せい剤というのは、有名人が使えばニュースとして報じられて話題になりますが、刑事事件を担当する弁護人にとっては、日常茶飯事といえる案件です。それだけ覚せい剤の使用事件というのは多いのです。

刑事裁判において、自分の罪を認めないことを「否認」するといいます。覚せい剤事件は被告人が「否認」することが多いように思います。

否認の理由は、正直なところ弁護士からみても、「その言い訳には無理があるでしょう……」というものが多いのが現実です。

例えば、「知らない人からジュースを渡されて飲んだら、覚せい剤が入っていた」というもの。知らない人からもらったジュースなんか飲むかよ！　しかも覚せい剤入りってそんなこと普通あるか？　と突っ込みたくなります。

また、知らない人や知り合いから、無理やり覚せい剤の注射を打たれた、というのも多

いです。私は「朝起きたら自宅のトイレに知らない外国人がいて、いきなり覚せい剤の注射を打たれた」という、とても信じられない言い訳にも出会ったことがあります。

このような被告人の主張は、そのほとんどが裁判官に信用されず有罪となります。

本件判決は、そんな覚せい剤事件の中では珍しく、被告人の主張が認められ無罪となっています。

被告人は、尿から覚せい剤反応が出ましたが、使用の事実を否認しました。その理由は、自分が故意に覚せい剤を使用したことはなく、妻が飲み残した缶酎ハイに覚せい剤が入っており、それを飲んだため覚せい剤反応が出た、というものでした。

判決文をみると、被告人の妻は、その時、実際に覚せい剤を自分の缶酎ハイに入れており、飲む前に寝てしまったそうです。奥さんが夫に黙って缶酎ハイに覚せい剤を入れて、夫と晩酌をしていたという場面は信じられないような気もしますが、裁判所はこのような可能性もあると判断し、被告人を無罪としました。

もちろん事実は神のみぞ知る、ですから、筆者にはこの被告人が知っていて覚せい剤を使ったのかどうかはわかりません。ちなみに判決によれば、被告人には、過去に覚せい剤使用の前科があったそうです。それでも、被告人の否認が認められた、珍しい判例だといえるでしょう。

そういえば、一時期覚せい剤で捕まった人の言い訳として流行したのは、キムチを食べたから覚せい剤反応が出た、というもの。なんでも、キムチにはごく微量ながら覚せい剤と同じ成分が入っているから、ということらしいです。

しかし、尿にその成分が出るには、相当大量のキムチを食べなければいけないらしく、私の知る限りその言い訳で無罪になったことはありません。人が考える言い訳にはいろいろあるものです。

借金のある人が、借金を返さずに妻に財産をあげるのは許される

訴えの内容

原告がお金を貸していたAは、貸したお金を一向に返さない。それにもかかわらず、Aは妻Bに、自分がもっている土地を妻Bとの離婚における財産分与として分け与えた。これは、財産隠しにあたるものであるから無効である

←

判決

借金がたくさんある状態であっても、奥さんへ財産分与することは認められる。よって、この財産分与は有効である

●最高裁判所昭和58年12月19日判決

財産分与が優先されることも

もしあなたが、ある友人にお金を貸していたとします。その人は、「お金がありません」と言って一向にお金を返してくれません。

ある時、その友人が奥さんと離婚したことを聞きました。さらにその友人が、離婚の際に、住んでいたマンションを妻に渡したということも聞きました。あなたとしてはどのように感じるでしょうか？

この場合、「いやいや、離婚して奥さんにマンションをあげるくらいだったら、売ってお金を作って、俺への借金を返してよ」と言いたくなるでしょう。当然のことです。マンションの名義が奥さんのものになってしまうと、その友人は無一文になり、ますます借金を返してくれる見込みがなくなるからです。

しかしこの場合、判例の考えかたによれば、奥さんへのマンションの名義変更は有効とされてしまう可能性があります。

通常、借金でクビが回らなくなった状態で財産を他人にあげたりすることはできません。破産するような状況になれば、持っている財産をとりあえず現金にして、可能な限り借金の返済に回すという手続きがとられます。

本件では、借金を背負っていた夫が妻と離婚し、その際に夫から妻へ不動産が譲渡されました。この譲渡が、財産隠し的行為として無効ではないかと争われたのです。

結論として裁判所は、離婚の際に財産を分け与えようとする側が借金まみれの状態にあったとしても、財産分与は認められると判断しました。

貸している側からすれば、お金を回収する可能性が低くなってしまうため、とんでもない判決でしょうが、妻側からすれば財産分与が受けられなければ離婚後の生活がやっていけない場合もあるので、このような判決になったのです。

財産を残したいがための脱法行為は認められない

時おり破産しそうな企業の経営者などが、「破産する前に離婚しておこう」などと計画することがありますが、これは離婚して自分の財産を奥さんに渡し、少しでも財産を残しておこうとするためだと思われます。

しかし、この判決があるからといって、奥さんへの財産分与が無制限に認められる訳ではありません。裁判所は、財産分与であっても、「不相当に過大」なものや「財産分与にみせかけた財産処分」は認められないと言っています。

例えば、破産して身ぐるみ剥がされそうになる前に、適当な女性と婚姻届を出し、数日後にすぐ離婚して財産名義を全て移す、なんてことをしても当然認められません。

前述のように、経営者が財産を残すために離婚することも、「財産分与にみせかけた財産処分」ですから認められないでしょう。

世の中簡単には脱法行為が認められないことを知っておいて下さい。

公務員は仕事中にトンデモ行為をしても責任を負わない

訴えの内容

公立中学校の教師である被告は、授業でプリントを生徒に配布し、そのプリントに一人の生徒の親である原告を、「思想的に偏っている」「笑止千万なあまりにもアサハカな思い上がり」などと書き誹謗中傷した。このような非常識な教師の行為は許されるものではないから慰謝料を要求する

⬅

判決

公務員は、その職務中の行為については個人的に責任を負わない。よって請求は棄却する

●東京高等裁判所平成12年4月26日判決

生徒の親を個人攻撃した、トンデモ教師

市役所の窓口担当者など、読者の皆様も公務員の方々と接する機会は多いと思います。公務員といえば、「偉そう」「愛想がない」などと悪く言われることが多いですが、最近の公務員は、丁寧な人が多く、横柄な態度を取る人は少なくなっているように思います。しかし、中には非常識なトンデモ公務員もいます。

公務員以外の一般の人については、仕事中の非常識な言動で誰かに迷惑をかけた場合、当然賠償責任を負わせることができます。

しかしながら、公務員は、その職務上の行為について、どんなに非常識な言動があっても、責任を負わなくていいのです。

この点が問題になったのが、本件の判例です。

本件では、原告が自分の子供が通っていた公立中学校の教師を訴えました。

というのも、この教師は政治問題に深い興味があったらしく、沖縄の基地問題に関するビデオを生徒に鑑賞させ、反米的な自分の考えを生徒に教えたのです。これに対して原告

は、政治的に偏った教育をしないでほしいと学校の校長などに意見をしました。

そうしたところ、なんとその教師は、匿名ながら簡単に特定できる記載で原告のことを批判する内容をプリントにし、それを生徒に配布したのです。

判断能力に乏しい中学生に教師の個人的な思想を教え込むのは不適切だと思われますし、さらに生徒の親を個人攻撃するようなプリントを配るなんて、非常識と言わざるをえません。

当然このような教師の言動に対し、原告は慰謝料を請求します。一審の判決では、原告の請求が認められ、教師に対して30万円の慰謝料を支払うよう認められています。

しかし、控訴審であるこの判決では、請求が一切認められていないのです。一般の人がした場合には、慰謝料が認められる行為であるのに、公務員であるというだけで責任が認められないのは、いかにもおかしい気がします。

判決が公務員個人の責任を認めなかったのは、公務員が職務を行うにあたって人に損害を与えた場合には、国や公共団体が責任を負う、という判例上の考えかたがあるからです。すなわち、被害の弁償は国や公共団体がするから、公務員個人にさせる必要はない、ということです。

確かに、個人が弁償をしなくても、国や公共団体が弁償をすれば、損害は回復することになります。

しかし、それでは非常識公務員が、「どんなに変なことをしても、国や公共団体が責任をとってくれるからいいや」と考えてしまうことにつながりかねません。

公務員個人についても、なんらかの責任を認めさせることが必要なのではないでしょうか？

ちなみに、公務員個人が責任を負わないとされるのは職務上の行為に限られます。したがって、例えばこの教師が原告のことを殴ったというような場合、殴る行為は教師の職務上の行為といえないのは明らかですから、公務員個人が責任を負うことになります。

妻子持ち男性が女子高生とセックスしても、真実の愛があれば無罪

訴えの内容

被告人（31）は妻子がいるにもかかわらず、当時17歳の女子高生とセックスをした。これは、18歳未満の青少年に対し「淫行又はわいせつ行為をしてはならない」と規定する、青少年保護育成条例に違反している。よって被告人は有罪である

←

判決

二人の間には恋愛感情があり、真剣に交際していた。よって無罪である

●名古屋簡易裁判所平成19年5月23日判決

「愛」があるなら違反行為にあたらない

いわゆる「淫行条例」という規定があることを知っているでしょうか？
これは、一般的に「青少年保護育成条例」（名称は各自治体で異なっています）と呼ばれる、都道府県の条例で、18歳未満の青少年との「淫行又はわいせつ行為」を禁止する条例です。

この条例に違反すると、２年以下の懲役又は１００万円以下の罰金（東京都の場合）などの刑罰を受けることになります。

このような淫行条例は、未成熟な青少年を性的な被害から守るなどの目的があります。もっとも、青少年とのセックスが全て処罰される訳ではなく、「自己の性欲を満足させるためとしか認められないようなセックス」が処罰の対象になるとされています。

文章で書くのは簡単ですが、そのセックスが「自己の性欲を満足させるためだけ」だったかどうかというのは、どのように判断するのでしょうか？　まさにこの点が問題となったのが本件の判決です。

事案は、当時31歳の男性が、当時17歳の女子高生とセックスをしたというもの。男性と女子高生は、とある飲食店の副店長とアルバイトという関係であったそうです。男性はすでに結婚しており、妻との間には1歳の子供もいました。また女子高生とセックスをした時点で、男性の妻は妊娠していたそうです。

このような状況で、男性が女子高生とセックスをした行為が淫行条例に違反するかどうかが争われました。

裁判所の出した判決は、無罪。両者の間には恋愛感情があり、真剣な交際をしていたから、淫行にはあたらないとしたのです。すなわち裁判所は、この男性のセックスは、「自己の性欲を満足させるためだけ」のものではなかったと認定したということです。

判決文に書かれている以上の詳しい事情は知りませんが、この判決の結果はなんだか腑に落ちません。

セックスをした当事者が、「お互いに愛がありました！　性欲を満足させるためだけにセックスしたのではありません！」と言い張れば無罪になるとしたら、この条例が適用されるケースはほとんどなくなるような気がします。それでは淫行条例の意味がありません。

そもそも、恋愛感情があったかどうかや、性欲を満足させるためだけにセックスしたかどうか、というのは個人の気持ちの問題です。どうやってそれを証明し、また裁判所もそれを判断するのでしょうか？

人の気持ちがどうであったかを処罰の基準としている点で、淫行条例には大きな問題があるといえます。

胴上げの輪に加わっただけで罰金10万円の恐怖

訴えの内容

被告人は、上司の定年退職送別会において、上司を胴上げし、誤って落下させた。その結果、上司は死亡したものであるから、被告人は過失致死罪で有罪である

←

判決

胴上げに失敗した被告人は有罪。罰金10万円の刑とする

●大津簡易裁判所平成22年5月20日判決

意外と多い胴上げ事故

結婚式や優勝祝いなどの席で、よく行われることの多い「胴上げ」。したことも、されたことも一度くらいはあるのではないでしょうか？

この胴上げですが、体の大きな大人を地上から2メートル程度上空に放り上げる行為ですから、よくよく考えてみるととても危険な行為です。実際に、結婚式で新郎を胴上げして落下させ、腰を強く打ちつけ重傷を負わせてしまったり、半身不随となるケースもあったようです。

安易に参加して、なんらかの事故が起きた場合に、責任を問われることはないのでしょうか。

本件は、上司の定年退職送別会において、上司を胴上げした際、誤って上司が地面に落下してしまいました。当時胴上げの参加者は飲酒していたようで、これが影響したと思われます。

不幸にも落下した上司は、その時の怪我が原因で死亡してしまいました。そこで、胴上げに参加していた被告人たちが裁判にかけられたのです。

胴上げに参加していた人たちが、故意に上司を落下させたということはないでしょう（もしそうであれば、場合によっては殺人罪や傷害致死罪になります）。

そのため、なんらかのミスによって人を殺《あや》めてしまったという過失致死罪で起訴されました。

結果として、胴上げに参加した同僚三人がそれぞれ罰金10万円という責任に問われています。遺族からすると、故人は定年退職まで仕事を勤め上げ、これから第二の人生を楽しもうという矢先の事故です。罰金10万円という責任ではとても納得できるものではなかったでしょう。

しかし、逆の立場からすると、安易に胴上げに参加しただけで罰金10万円という刑罰を受ける危険があるということです。調べてみると、胴上げに失敗して死亡や重大な怪我をしたという事案は、思いのほか多く発生しています。本件の罰金10万円は刑事上の責任ですが、民事上の責任として莫大な損害賠償請求を受けることも考えられます。

死亡事故も起きているほど危ないものだと肝に銘じ、酔った勢いや、その場のノリで胴上げするのは絶対に避けるべきでしょう。

妻は夫の性的不能状態の改善に努める義務がある

訴えの内容

夫である被告は、性的不能の状況にあるため妻である原告とセックスをしなかった。よって、離婚することを求める。また、夫は、性的不能であることを妻に知らせずに結婚しているので、妻に慰謝料を支払え

⬅

判決

性的不能であることだけで、離婚事由があると即断することはできない。妻は夫の性的不能状態の改善に努める義務がある。ただし、本件については離婚を認める

●東京地方裁判所平成16年5月27日判決

EDが離婚事由として認められることもある

夫婦が離婚する場合、いろいろな方法があります。

お互いに署名して届出を出す協議離婚という方法がもっとも簡単ですが、離婚の条件などで折り合いがつかない場合、裁判所に離婚を申し出る裁判離婚という方法がとられます。

そのような裁判離婚で離婚が認められる場合には、法律上「離婚事由」と呼ばれる「離婚が認められるために必要となる一定の理由」が存在しているかどうかが問題となります。

「離婚事由」には、いわゆる浮気にあたる「不貞行為」などがあります。


近年EDという言葉が認知されてきたように、男性の勃起不全により夫婦間でセックスレスとなるケースが注目されています。夫の勃起不全を離婚事由とする、妻からの離婚は認められるのでしょうか？

本判決は、その点が大きな争点となりました。妻である原告の主張によれば、被告である夫は、結婚後、勃起不全の状態であるため一度もセックスをしなかったそうです。また妻は、夫が交際中から性的不能な状況にあり、そのことを隠して結婚したとして、慰謝料も請求しています。

夫の方は、結婚期間中にセックスがなかったことは認めるものの、それは妻がセックスを拒否したことが原因であると主張しました。また交際中には旅館などでセックスしたことを主張し、自分が性的不能であることを否定しました。

このような当事者の主張に対して、裁判所は、交際中は夫に勃起不全の事実はなかったが婚姻後は勃起不全であったことを認めました。そのうえで、「被告（夫）が性的不能状態にあるという一事だけでは、原被告間に裁判離婚事由があると即断することはできない」と判断しました。

わかりやすくいえば、性的不能だということだけでは離婚事由になるとは直ちにいえない、ということでしょうか。歯切れの悪い言いかたですが、裏を返せば場合によっては性的不能が離婚の原因になることもありうる、と言っているのだと思います。

EDを治すのは妻の義務？

この判決で注目すべきは、「（勃起不全の事実）は被告の側にも困惑をもたらすものであって、妻である原告の側にも、夫婦相互扶助義務の一環としてある程度はその改善に寄与すべき義務があるといえる」とした部分です。

要するに裁判所は、「妻には夫の性的不能状態の改善に努める義務がある」と判断している訳です。確かに、勃起不全を一つの病気であると考えれば、妻がその改善に協力する義務があるともいえそうです。

だとしても、道義上の改善努力義務があるというのならばともかく、「法律上の義務がある」とまで言い切ってしまうのは、いかがなものでしょうか（判決文にある「夫婦相互扶助義務」は、民法752条で定められた法律上の義務です）。「そんなの自分で頑張って治してくれ」という考えの奥様方も多いのではないかと思います。

ちなみに判決文を読むと、夫が「結婚前は勃起不全ではなかった」という認定の理由として、「結婚前に○○高原の旅館のお風呂場において、妻が岩場に横たわり性行為をして妻が尾骨あたりを切って出血した」などという生々しいエピソードが出てきます。

離婚の裁判では、このような夫婦間のリアルで赤裸々な出来事が明らかにされることが多くあります。離婚を考えている方はよくよくお気をつけ下さい……。

夫が起こした交通事故では、妻は「他人」である

訴えの内容

夫が車を運転していて事故を起こし、助手席に座っていた妻が怪我をした。妻であったとしても、交通事故の損害賠償請求においては、自動車損害賠償保障法3条の「他人」にあたる。よって妻である原告は、保険会社に対して損害賠償請求ができる

←

判決

訴えを認める。被害者が、加害者である夫の妻であったとしても、交通事故の場面において妻は、自動車損害賠償保障法3条の「他人」に該当するため損害賠償請求をすることは可能である

●最高裁判所昭和47年5月30日判決

妻といえども、法律の現場では「他人」扱いになることも

法律で使われる言葉と、日常生活で使われる言葉の意味が大きく違うというのは、よくあることです。

日常生活で「他人」とは、家族や親族といったつながりがない人たちという意味で使われるのが一般的です。この場合、夫や妻は、もっともつながりが強い関係にあるといってもよく、結婚している人が妻を「他人」と呼ぶことはまずありえません。しかし法律の現場においては、妻ですら「他人」にあたる場合があるのです。

この判決は、法律関係者の間では「妻は他人事件」と呼ばれる、わりと有名な判決です。

内容は、交通事故に関する事件で、夫が妻を助手席に乗せて車を運転していたところ、運転ミスで車が道路から転落してしまい、妻が全治6か月の怪我をしたというものです。

交通事故を起こした場合の責任については、自動車損害賠償保障法3条という規定があり、「自己のために自動車を運行の用に供する者は、その運行によって他人の生命又は身体を害したときは、これによって生じた損害を賠償する責に任ずる」と規定し、そのための保険（自賠責保険）に加入することを義務づけています。

問題はこの条文にある「他人」に妻も含まれるか、という点でした。

「他人」の一般的な意味からすると、妻は「他人」にならないため、夫の運転で怪我をさせられた妻は、夫に損害賠償請求をすることができなくなり、ひいては夫が契約していた自動車保険会社にも保険金を請求できなくなります。

実際保険会社は、保険金の支払いに応じたくないためでしょう、妻は「他人」にあたらず妻から夫への損害賠償請求はできないなどと主張したようです。

「他人」の日常的な使いかたからすれば、保険会社の言うとおりかもしれませんが、裁判所の出した判決は、交通事故の場面では妻は「他人」にあたり、妻は夫が契約していた保険会社に保険金を請求することができる、というものでした。

妻を「他人」としている点だけをみると、非常識な判決のようにも思えますが、夫婦にも様々な事情があり、妻から夫への損害賠償請求が必要になるケースもあるでしょうから、結論とすれば妥当でしょう。

飲み会の帰りに酔って転んで死亡しても、労災になる

訴えの内容

原告の夫は、仕事が終わった後に、自分の意思で会社の飲み会に参加し、お酒を飲んだ。約5時間ほど飲んで、帰ろうとしたが、帰宅途中に駅の階段で足を滑らせ転倒し、頭部を打って死亡してしまった。原告の夫が飲み会に参加していたとはいえ、この事故は通勤途中の事故であるから、労働災害として、遺族に対し、遺族給付などの各種給付を行え

←

判決

原告の夫が参加していた飲み会は、業務の一つであったと認める。よって通勤災害として労災給付の対象となる

●東京地裁平成19年3月28日判決

労働災害はどこまで認められるのか

労働災害というのは、働く人が仕事中や通勤途中に怪我をしたり死亡したりした場合のことをいい、労働災害が起きた場合には、労働基準監督署の調査後、各種の給付が行われます。

給付の内容は、療養給付と言って怪我の治療費を負担してくれたり、休業給付といって休業中の給料の一部を補償してくれたりするものもあります。労働者にとっては、とても有り難い制度です。

労働災害の一つに、通勤災害というものがあります。職場への通勤途中で怪我をしてしまったような場合です。

通勤災害が認められるためには、原則として「職場と住居との往復」途中の怪我などであることが必要で、例えば職場の帰りに居酒屋に寄って相当時間お酒を飲んで帰った、というような場合、居酒屋から家までの移動については、「通勤」には該当しないとされています（職場から居酒屋までの移動は、それが通常の通勤経路に含まれていれば「通勤」

に該当すると考えられます）。

しかし、現実には仕事上どうしても参加が必要な「飲み会」もあり、業務終了後に「飲み会」に出たら、一律に通勤災害から除かれるか、というのは微妙な問題です。

本件判例は、その点が争われた事案です。原告のAさんは、とある会社の次長さんでした。その会社では毎月1回、各支店の主任が集まり、午後5時の業務終了後にそのまま社内でお酒を飲みながら、業務の問題点などを話し合う会合が行われていました。

Aさんは、その会を主催する部署の次長であったため会に出席し、約5時間ほどお酒を飲み、つまみを食べながら参加していました。飲み会が終了した後、帰宅途中に駅の階段で足を滑らせ頭部を打って死亡してしまったのです。

被告となった労働基準監督署は、この飲み会が任意参加のものであったことなどから、仕事ではなかったとして通勤災害ではないと主張しましたが、裁判所は、飲み会も業務の一環であったことを認め、通勤災害にあたると判断しました。

争点となったのは、飲み会に使われた場所にあった

裁判所は、飲み会で話される内容が「業務上の問題点、トラブルの対応策、業務の改善案など業務の円滑な遂行を目的としたものであった」から、飲み会は業務の一環であったと判断しています。しかし、これらの内容はサラリーマンが仕事帰りに職場の仲間を何人か誘って居酒屋で飲みに行った時にも話す内容です。それなのに、通勤災害としてしまうのは、本当によいのだろうかという疑問が残ります。

判決理由にははっきり書かれていませんが、この判決が通勤災害を認めたポイントの一つは、飲み会が職場の打ち合わせ室で行われた点にあると思います。職場という場所で行われた飲み会だから、業務の一環だったという訳です。

そう考えるとサラリーマンの皆様は、「できる限り職場で飲み会を開催する」のがいいのかもしれません。もちろん、通勤途中だろうが何だろうが、飲みすぎで怪我をしないにこしたことはありませんが……。

クラブのママは妻子ある男性と性交渉を持っても問題なし

訴えの内容

銀座のクラブのママが原告の夫と約7年間にもわたって性交渉しており、精神的苦痛を受けた。慰謝料として400万円を請求する

判決

クラブのホステスの中には「枕営業」をする者がいるのは公知の事実。枕営業は売春婦と同様、客の性欲処理に応じたものにすぎず、結婚生活の平和を害するものではないから慰謝料は発生しない

●東京地裁平成26年4月14日判決

突っ込みどころ満載の裁判官のお言葉

この判決の事案は、妻が夫と性交渉を持った銀座のクラブのママに対して、慰謝料の請求をしたものです。原告側の主張によれば、この夫はクラブのママと約7年間にもわたり性交渉をしていたということです。

これに対して、訴えられたクラブのママ側は、そもそも原告の夫と性交渉をしたこと自体を否定しています。まさに、当事者双方の主張が真っ向から対立している事案です。

このような当事者の主張に対して、裁判所が下した判決は、当事者双方にとって想定外な内容でした。それは、クラブホステスが枕営業で性交渉をしても違法にはならない、というものです。

そもそも、妻がいる男性がほかの女性と性交渉を持つことは不貞行為といって違法な行為になり、不貞行為をした夫や、その相手となった女性は妻に対して慰謝料を支払わなければいけません。

この判決がおかしいのは、夫がクラブのママと性交渉をしたこと自体は認めているにもかかわらず、その性交渉の理由が「枕営業」の場合には、慰謝料が認められないとしているところにあります。

一般的に、「枕営業」とは、業務上（仕事）で付き合いのある人間同士が、性的な関係を築くことによって物事を有利に進めようとする営業方法のことを指します。

既婚者とわかって性交渉をした場合には慰謝料が発生する、というのがこれまでの裁判所の判断でした。この判決は、それをひっくり返してしまった訳です。


裁判所が「枕営業による性交渉は違法ではない」とした根拠は、「枕営業は売春婦と同様に客の性欲処理に商売として応じたにすぎず、結婚生活の平和を害するものではないから」というものでした。まず、枕営業を売春婦と同じ「性欲処理の商売」としているところが、議論として乱暴でしょう。

そして一番の突っ込みどころは、ホステスや売春婦と性交渉を持っても、結婚生活の平和を害するものではない、と言い切っているところです。

既婚者の方には想像してほしいのですが、夫が外でホステスや風俗嬢と性的な関係を持ったことを奥さんが知ったらどうなるでしょうか？

おそらく、ものすごく「結婚生活の平和」を害することになると思います。この裁判官に奥さんがいるのかどうかわかりませんが、この裁判官の家庭は夫がホステスから枕営業を受けても全く動じない家庭なのでしょうか。

さらに、この判決は、「クラブのホステスに枕営業する人が少なからずいるのは公知の事実」とまで言い切っています。これも本当にそうでしょうか？

法律で「公知の事実」というのは、「ものすごく当たり前のこと」という意味を持っています。果たしてそこまで言い切れるのでしょうか？　銀座のクラブのホステスに対する、裁判官の個人的な恨みでもあるのではないかと、思わず邪推してしまいます。

訴えた側は、当然慰謝料が認められると思っていたはずです。私が原告側の代理人弁護士だとしたら、裁判前に「まずこちら側の勝訴が見込めます」と説明しているでしょうから、弁護士として面目丸つぶれです。すぐに控訴してまともな判決を出してもらうように行動します。

ところが、この裁判では原告が控訴をしなかったため、判決が確定してしまいました。非常識な裁判所の判断に、かわいそうな奥さんが絶望してしまったのかもしれないと思うと、非常に残念です……。

レイプ時にキスマークをつけたら、強姦罪より重い強姦致傷罪

訴えの内容

被告人は、被害者女性をレイプした際に、胸に2個のキスマークをつけた。人にキスマークをつけることは傷害にあたるから、被告人は強姦罪ではなく、それよりも重い刑罰が科される強姦致傷罪として有罪となる

←

判決

普通のキスマークは4日から1週間で消えるが、本件のキスマークは全治に10日もかかったものであるから、傷害にあたる。よって被告人は強姦致傷罪として有罪となり懲役5年の刑に処す

●東京高等裁判所昭和46年2月2日判決

強姦罪と強姦致傷罪の分かれ目

女性をレイプする行為は、強姦罪という犯罪になります。そして、レイプの際に相手を傷つけるなどして傷害を負わせた場合、強姦致傷罪という犯罪になります。同じ強姦についての犯罪ですが、両者は刑罰の重さがかなり違います。

強姦罪は3年以上の懲役刑ですが、強姦致傷罪の場合は、無期懲役か5年以上の懲役刑となります。

懲役5年以上だと、情状酌量で減刑されるなどの例外がない限り、執行猶予を付けることができません。一発で刑務所に行くことになるという意味で、かなり重い犯罪ということができます。

では強姦罪と強姦致傷罪はどのように区別されるのでしょうか？ 理屈でいえば、レイプの際に相手を傷つけたかどうかで区別されますが、レイプ行為は無理やり相手を犯す行為ですから、多少なりとも相手を傷つけるのが普通であるといえるため、問題となります。

本判決では、被告人がレイプ行為の際に相手の女性にキスマークをつけた点が、強姦致傷罪の傷害にあたるかどうかという点が争われました。

被告人がつけたキスマークは2か所で、大きさは2・2センチのものでした。

弁護人は、キスマーク程度では傷害にあたらないと争いましたが、裁判所の判断は、傷害にあたり強姦致傷罪になる、というものでした。そのうえで5年の懲役刑としています。

理由としては、このキスマークが通常のキスマークより全治期間が10日と長かったことから、「強度の皮下出血であり人の生活機能に障害を与えたから」、というものでした。

レイプ行為が女性の心身を破壊する重大な犯罪行為であり、許されないことは言うまでもありません。しかし、治るまでに3日余計にかかるという理由で、5年以上の懲役というのは少し厳しいようにも思えます。

キスマークというのは、通常は痛みを感じるものではありません。また、外見上は赤くなったり紫色になったりということはありますが、数日で消えるのが普通です（裁判所は、通常は4日から1週間で消えると認定しています）。

そもそもが、その程度の傷害にすぎないキスマークであるにもかかわらず、強姦の際に行われたがために強姦致傷罪とされてしまうのは行きすぎなのではないでしょうか？

いずれにせよ、キスマークが相手を傷つける傷害にあたることが、判例上明らかにされました。

これは、レイプでなくても単純に相手に強度のキスマークをつけること自体が、理屈上傷害罪になることも意味しています。くれぐれもパートナーとの関係では気をつけて下さい。

タクシー運転手に「雲助」まがいの者がいるのは常識？

訴えの内容

タクシー運転手である被告は、強盗目的で乗客を殺害した。原告は乗客の遺族であり、被告及びそのタクシー会社に対し損害賠償を求める

←

判決

一般論でいえば、タクシー乗務員には雲助（蜘蛛助）まがいの者や賭事などで借財を抱えた者がまま見受けられる（顕著な事実といってよいかと思われる）。よって、原告の請求を認める

●京都地裁平成11年10月18日判決

差別用語ともとれる発言。裁判官に注意処分

本件は、タクシー運転手である被告に強盗目的で殺されてしまった乗客の遺族が、その運転手とタクシー会社に損害賠償を求めた、という事案です。

この判決で注目されるべきは、事案の内容や裁判の結果そのものではなく、判決の際に裁判官が理由に使った言葉にあります。

判決の内容は、原告の請求を認め、強盗殺人をした被告に損害賠償を命じる内容でしたが、その際に裁判官が理由として、「一般論でいえば、タクシー乗務員には雲助（蜘蛛助）まがいの者や賭事などで借財を抱えた者がまま見受けられる（顕著な事実といってよいかと思われる）」と記載したのです。

「雲助」という言葉の意味は、広辞苑によれば、「江戸中期以後に、宿駅・渡し場・街道で駕籠舁《かごかき》・荷運びなどに従った住所不定の人足」とあります。定住せず、たかりやぼったくりを行うこともあったため、そういった職業に対する蔑称としても使われ、現代ではタクシー運転手に対する軽蔑語としても使われる言葉になったそうです。

この判決を読むまでは、私もこの言葉を知りませんでしたが、かなり差別的な意味を持

つ言葉であることはわかります。報道によれば当時38歳であった裁判官が、よくこのような言葉を知っていたものです。

裁判官は、わざわざ「一般論でいえば」という言葉や、「顕著な事実といってよい」などという言葉を使っています。

「顕著な事実」というのは、裁判で使われる言葉であり「証明するまでもなく、当然である」という意味を持っています。被告の犯行を強く非難したいがために使ったのかもしれませんが、明らかに言いすぎです。

社会的に大きな反響を呼んだ「雲助」騒動

この判決後、タクシー会社の運転手でつくる全国自動車交通労働組合連合会（全自交労連）は裁判所に対して抗議文を提出しました。また、民主党も抗議の声明を発表しています。

なお、当時の地方裁判所の所長は、この判決文を書いた裁判官に対して、注意処分をしています。

このように裁判官の判決文に、上司である裁判所所長が文句をつけるのは、実はとても異例なことです。

というのも、裁判官には「裁判官の独立」という原則があり、一人の裁判官の判決にたとえ上司であっても、ほかの裁判官がけちをつけるのはタブーとされているからです。

それにしても、裁判官の多くは冷静沈着で言葉選びに慎重であるにもかかわらず、この裁判官がなぜここまで激しい言葉を使ったのか動機がよくわかりません。なにか個人的にタクシー運転手に恨みでもあったのでしょうか？

この裁判官の経歴を調べてみましたが、定年前に依願退職しているようです。この判決への批判が原因であるかどうかは不明です……。

コラム3

露呈する裁判員制度の無意味さ

裁判員制度とは、一般市民から選ばれた裁判員が、裁判官と一緒に刑事事件の裁判を行うという制度です。裁判官という専門家だけではなく、一般市民が裁判に参加することで、裁判の中に一般市民の感覚を取り入れるのが目的とされています。

導入されたのは平成21年、現在まで約7年間という歴史の浅い制度です。制度が発足した直後は、各マスコミに大変注目されていました。

そんな裁判員制度で最近問題とされているのは、裁判員裁判で出た判決が、その後、裁判官だけで審理される高裁や最高裁で覆されるという点です。

平成21年から平成26年までの間で、裁判員裁判の結果が高裁で破棄された判決は10件ありました。平成26年7月には最高裁が、傷害致死事件で求刑の1.5倍の懲役刑を命じた裁判員裁判を追認した二審判決を破棄した例もありました。

裁判員裁判の判決が高裁などで破棄されるとなにが問題かというと、それが認められてしまえば、結局いままでどおりの職業裁判官だけで行う裁判となにも違いがなくなってしまう、という点にあります。

市民感覚を取り入れるために裁判員制度を始めたのに、過去の量刑との公平を図るために裁判員裁判の判決を否定してしまえば意味がありません。

確かに、同じような事件であるにもかかわらず、裁判員裁判の場合だけ被告人の罪が重いというのは公平ではありません。

しかし、量刑相場（刑事裁判において有罪の判決を言い渡す場合に、罪名や特定の犯罪情況・犯罪態様によって、おおよその量刑が定まる実務上の慣行のこと）にとらわれない自由な市民感覚を取り入れるために裁判員制度は始まっています。裁判員裁判の判決を破棄する理由が詳しく説明されていればまだしも、単に「過去の量刑相場と違いすぎる」ということだけを理由として破棄することは許されないでしょう。

今後はますます裁判員制度の意義と必要な制度かどうかが議論されてくると思います。

第4章 これってゴネ得？

店には店内に落ちていたアイスをすぐ掃除する義務がある

訴えの内容

ショッピングセンターのアイス売り場の前を歩いていたら、落ちていたアイスで足を滑らせ骨折した。ショッピングセンターは、損害賠償金として約２６００万円を支払え

←

判決

ショッピングセンターは、床にアイスクリームが落下した状態が生じないようにすべき義務を負っていた。よって、ショッピングセンターは原告に約８６０万円を支払え

●岡山地方裁判所平成25年3月14日判決

清掃の見回りもしている店に、賠償を命じた裁判所

法律では、工作物責任という考えがあります。これは建物などの工作物の管理などに問題があった場合、それによって生じた損害の責任を工作物の所有者などが負わなければいけないというものです。

例えば、いまにも壊れそうなボロ屋の所有者が、家の修繕を放置していた結果、家が倒壊し、人に怪我をさせた場合、その所有者は責任をとらなければいけません。

このような責任は、被害にあった人を助ける意味では重要ですが、あまりに広く認めすぎると、なんでもかんでも建物所有者の責任になってしまい、結果として被害を受けた人のゴネ得になってしまう可能性があります。

例えば、飲食店で客が転んで怪我した場合に、「店の床が滑りやすい材質だったのが悪い、だから店の責任だ」というのが簡単に認められてしまうと、あまりにも飲食店がかわいそうです。このように工作物責任をどこまで認めるかは難しい問題ですが、本件でもこの点が問題となりました。

とあるショッピングセンターを訴えたのは、事故当時71歳だった女性です。この女性は、被告となったショッピングセンターのアイス売り場の前を歩いていたところ、落ちていた紫色のアイスクリームで足を滑らせ、足と腰の骨を折ってしまいました。骨折により後遺症も残ってしまったとして、女性はショッピングセンターに約2600万円の損害賠償を請求したのです。

ショッピングセンター側は、責任を否定しましたが、裁判所はショッピングセンターの責任を認め、約860万円を女性に支払うように命じました。

その理由として、店側が「売り場付近の通路の床面にアイスクリームが落下した状況が生じないようにすべき義務を負っていたというべきである」と断じています。

年々増える消費者のクレーム。店側はどこまで対応すべき?

確かに、滑って骨折し後遺障害も残ってしまったのは、とても不幸なことです。しかし、多くの客が行き来するショッピングセンターで、常にアイスなどが落ちていないか確認する義務を店側に負わせるのは、かわいそうな気もします。

もちろん清掃管理などが極めてずさんな店もありますから、そういった店で起きた事故については店側がきちんと責任をとるべきです。でも判決文によれば、このショッピングセンターは清掃のために従業員を巡回させる措置をとっていたようです。

アイスや飲み物などが床に落ちたら、即座にそれを清掃しなければいけないというのは店側からすればかなり厳しいでしょう。

店側が、「そんな責任を負わされるのなら、アイスを売るのはやめよう」と考えてしまえば、結局消費者である我々がアイスを食べられなくなるという不利益を受けることになります。

ちなみに、本件では足を滑らせてしまった女性側にも過失があったと認定され、2割の過失相殺（過失があったことを理由に要求する損害額が減らされること）がされています。過失相殺という形で、店側の責任に歯止めが掛けられたのはよかったと思います。

結婚式の参列者が転んで骨折したら誰の責任？

訴えの内容

原告は、被告であるホテルで開催されていた結婚式に参列した者である。結婚式終了後、式場から退席しようとした原告は、敷きっぱなしにしてあったバージンロードのカーペットで足を滑らせ転倒し、怪我をした。これは、カーペットをきちんと固定していなかったホテルに責任がある。よって、約６０００万円の損害賠償金を支払え

←

判決

ホテル側には、参加者の心身の安全確保を怠った責任がある。よって、約１７００万円の損害賠償金を支払うよう命じる

●仙台地方裁判所平成17年11月30日判決

3割の過失相殺を認めた裁判所

新婦が実の父親にエスコートされ、途中から新郎にバトンタッチ。神の前で永遠の愛を誓う、そんな神聖な結婚式場のバージンロード。花嫁が一生で一番輝く場所といっても過言ではありません。

さて、そんなバージンロードのカーペットで転んで怪我した場合、誰がどんな責任を負うのでしょうか? いきなり夢のない話になってしまいますが、まさにこの点が争われたのが本件の判決です。

原告となったのは、結婚式に参列していた70歳の女性でした。

女性は、集合写真撮影のため式場を退出しようとした際に、バージンロードのカーペットの折り返し部分に右足のハイヒールのつま先を取られ、そのまま勢いよく投げ出されるような格好で、大理石の廊下に転倒し骨折してしまったのです。読んでいるだけで痛くなるような事故ですね。

これについて原告は、事故の原因はカーペットを固定したり、参加者に注意喚起などをしなかったホテルの対応にあるとして、約６０００万円の損害賠償金を請求しました。これに対して、ホテル側はこれまで事故があったことはなく、対応に不備はなかったとして責任を否定する主張をしました。

このような両者の主張に対して裁判所が下した判決は、ホテル側の責任を認め、約１７００万円の賠償金を支払うように命じるものでした。

裁判所は、ホテル側がバージンロードのカーペットを巻き取るなどしておけば事故は防ぐことができたとして、ホテル側の責任を認めつつ、転倒した原告側にも注意が足りない点があったとして、３割の過失相殺を認めたのです。

前出の、落ちていたアイスクリームで転倒した事案もそうですが、飲食店などでの転倒事故が裁判になることは、意外と多いものです。同じような事案をみると、店側の責任を認める判決が大半です。

店側の責任を否定し、「客が悪い」と判断した数少ない例は、セルフサービスの食堂で、床にこぼれていた味噌汁で転倒し怪我をしたという事案です。

この判例では、セルフサービスの食堂では大人数の客が一斉に食事を取るという場所の性質上、わずかに味噌汁がこぼれていたとしても、食堂側が逐一対応しなければいけないというのは現実的ではなかったことがその理由とされているようです。

この判例からすると、セルフサービスの店では転んでも自己責任となりますから、足元にはくれぐれも注意しましょう。

ギャンブルをするために借りたお金は返済不要

訴えの内容

原告は、被告にお金を貸したが、被告はこれを返そうとしない。よってお金を返せ。なお原告は、その貸したお金を被告がギャンブルのために使うことは知らなかった

←

判決

原告は、被告が借りたお金をギャンブルに使うことを知っていたはず。ギャンブルに使うことを知っていた以上、そのお金を返せと言うことはできない

●大阪高等裁判所昭和50年1月23日判決

踏み倒した後は、自己責任で

ギャンブルは法律で認められているもの以外は違法行為です。違法なギャンブルをした場合、50万円以下の罰金または科料が科されることになっています。

またギャンブルは、民法上の公序良俗違反（民法90条）となります。これはわかりやすく言えば、社会常識的に許されない契約などをした場合、それは無効にするという規定です。

したがって、理屈でいえば、ギャンブルで大負けして相手に1000万円の借金ができたとしても、ギャンブルによる借金自体が無効ですから、支払わなくてよいのです。まさにゴネ得といえるでしょう。

ここで「ギャンブルで負けたお金は払わなくてよいなら、ギャンブルで負けたことにより支払ったお金を返せと言うことができるのか？」という疑問が湧いてくると思います。

これにも法律があり、民法708条の不法原因給付という規定により、返してもらうことはできません。不法原因給付というのは、違法なことを理由として、なにかを相手に渡した人はそれを返せとは言えない、という規定です。

ギャンブルに使ったお金を支払う、というのは、違法であるギャンブルを理由にして相手にお金を渡していることになるため、民法708条によりこれを返せとは言えないのです。

では例えば、あなたが知人にお金を貸して、知人がそのお金をギャンブルに使っていたような場合、あなたは知人にお金を返せと言うことができるでしょうか?

本判決はまさにこのような状況で、お金を貸した原告が被告に返還を要求しました。

原告は、「貸したお金を被告がギャンブルに使うとは知らなかった」と主張しますが、被告はこれを否定します。

裁判所は、状況からして原告が「被告が借りたお金をギャンブルに使うこと」を知っていたと認定し、不法原因給付としてそのお金を返すよう求めることはできないとしました。

借りた方の被告は、結局他人のお金を使ってギャンブルをすることができてしまっており、なんだか腑に落ちません。ましてや、仮に被告が借りたお金をギャンブルに使って儲けてしまったら、貸した方はなおさら複雑な気持ちになるでしょう。

しかしまあ、ギャンブル自体が違法であるという原則に立ち返れば、それを助長するような行為も許されないので、妥当なのでしょう。

とはいえ、仮に裁判で被告が勝ったとしても、賭博行為が身の回りで日常的に行われている人たちが、判決に素直に従うとはあまり思えません。

お金を借りて返さなかった被告が、原告からどのような報復を受けることになるのかを想像すると、思わず身震いしてしまいます。裁判に勝てばいいというものでもないのです。

わかりにくい道路標識は守らなくてもOK

訴えの内容

被告人は、右折禁止の標識がある道路において、右折した。被告人は、道路標識がまぎらわしかったために右折してしまったなどと言い訳をしているが、言い訳にすぎない。よって被告人は有罪である

←

判決

本件の右折禁止の道路標識はとてもまぎらわしくわかりにくい。よって被告人は無罪である

●最高裁判所昭和43年12月17日判決

ゴネ得か、正義か

道路標識にはいろいろな種類のものがあります。自動車免許を持っている人は教習所で勉強しているはずですが、もう忘れてしまったという人も多いのではないでしょうか。

道路標識には、単に禁止事項を表示しているものだけでなく、禁止されている時間や禁止される車両を小さい文字で書いているものがあり、初めての道で瞬時にそれを見分けるのは難しいのが現実です。

しかし、そうはいっても決まりは決まりです。「わかりにくかった」「まぎらわしい」という理由で違反した行為が無罪となるのなら、言い訳して処罰をまぬがれようとする人が続出しそうです。

本件も、右折禁止の標識がある場所で右折をしてしまった被告人が「標識がまぎらわしい」という理由で無罪を主張し、それが認められました。いかにもゴネ得判決であるように思えます。

しかし、判決を詳しくみると、違う印象を受けるでしょう。

ここで、186頁の標識のイラストを見て下さい。これは本件の被告人が実際に目にし

まぎらわしい道路標識

出典：別冊ジュリスト（有斐閣）より

た標識です。

あなたは、貨客兼用車（ライトバンを含む最大乗車定員4名以上のトラック）を運転しており、この道路を可能であれば右折したいと思っています。この標識から見て、あなたは右折してもよいでしょうか？

先入観なしにこの標識を見ると、一瞬「どっちだろう？」という疑問が湧くと思います。「貨客兼用を除く」と書いてあることから、貨客兼用車は右折禁止（指定方向以外進行禁止）の制限をかけられていないと考えてもおかしくありません。被告人も同じように認識し、右折しました。

しかし、実際にこの標識が意味するところは、右折禁止とは何も関係がなく、「左折すること自体に問題はないものの、標識に記載のある車両と時間帯については左折後の道路の通行が禁止されており、それを注意的に記載したものにすぎない（検察官の主張）」ということだったのです（筆者には、何度、読み返してみてもこの標識の記載から、このような意味を読み取ることができません）。

被告人に対して一審と二審の裁判所は、容赦なく有罪の判断を下しました。

最高裁判所まで上告。最後まで戦いぬいた被告人

しかし最高裁判所では、一転して無罪となります。理由としては、道路標識というのは見やすく設置されていなければならず、まぎらわしい標識により禁止行為をしてしまっても罪とならない、というものでした。

この標識のイラストを見れば、最高裁判所の判決こそ妥当なもので、一審と二審の判決こそが非常識な内容であったということがわかります。

それにしても感心してしまうのは、この事案で最高裁まできっちりと争った被告人です。被告人が一審判決で受けた刑罰は罰金3000円でした。いまとは物価が違うとはいえ、当時でも大した金額ではなかったでしょう。

普通の人であれば「面倒だから払って終わりにしちゃえ」と考えるところですが、そこで妥協せずにきっちりと戦った被告人は立派だと思います。

20年経てば借りパク成功？　取得時効の不思議

訴えの内容

原告は、本件土地をAという人物から購入して駐車場などとして利用していた。後に、本件の土地は、実はAの所有ではなかったことがわかったが、原告はそのことを知らずに長い間土地を使っていたのだから、この土地は原告のものである

⬅

判決

本件土地がAの所有ではなかったとしても、原告が自分の土地であると思い込んで長期間使っていたのだから、この土地は原告の所有とする

●神戸地方裁判所昭和58年11月29日判決

他人の物でも、時間が経てば自分の物に!?

「おまえのものはおれのもの、おれのものもおれのもの」というのは、ドラえもんに出てくるジャイアンの名言とされています。他人の物を勝手に自分の物にしてしまう、いじめっこキャラのジャイアンらしいセリフですが、法律でもこれを認めるに近い制度があるのをご存知でしょうか？

法律がそんなことを認める訳がない、と思われるかもしれませんが、取得時効という制度でこれが認められることがあります。

取得時効というのは、所有の意思をもって他人の物を20年間平穏公然と占有した者は、その所有権を取得する、という制度で、民法162条で規定されています。

実際に本件の判決では、取得時効が成立したとされ、原告に所有権が認められています。本件の原告は、Aさんから土地を購入し、それを20年以上自分の土地であると信じて駐車場にするなどして使っていました。

しかし、のちのちその土地をしっかり調べたところ、土地の一部はもともとAさんが持っていた土地ではなくて、国が所有していた土地であったのです。国は当然「返せ」と言いましたが、原告は、長い間自分の物のつもりで持っていたんだから、自分の物だ！　と言いはったのです。その結果裁判となりました。

これに対して裁判所は、一部の土地について原告の主張を認め、原告の所有権を認定しました。

実は原告は、土地を使い始めてから約25年後に土地の一部が自分の物ではないことに気がついていました。しかし裁判所は、それにもかかわらず、原告に土地の所有権を認めたのです。その理由として、判決では「他人の所有物であることを認識しつつ、所有の意思をもってその物を専有すること」は法律の予定するところである、という理論を持ち出しています。

これはどういうことでしょうか？

そもそも法律上取得時効が認められている理由の一つに、長く続いた事実状態を尊重する、というものがあります。

本当は自分の物ではないとしても、長期間自分の物として使っていた場合、例えば土地の上に家を建てたとか、土地を耕作したとか、土地がその人の物であることを前提としていろいろな出来事が発生します。

それにもかかわらず、他人の土地だからという理由で、土地の上に建っている家を取り壊すなど杓子定規な処理をすると不都合があります。

そういった場合には、長い間自分の権利を主張することができたのにしなかった元の土地の所有者より、自分の物と信じて長年使ってきた人を守ってあげようというのが、取得時効の趣旨なのです。

このような取得時効の趣旨は一定程度理解できます。また原告の男性は、取得時効により長年使っていた土地を所有できて嬉しいでしょう。しかし、よくよく考えるとこれでいいのかという疑問も生じます。

本当の土地の所有者は、他人が勘違いして自分の土地を売ってしまったという、自分のあずかり知らぬ事情で土地を失ってしまうのです。これは納得できるものではないでしょう。

本人にミスなどがあれば別ですが、ミスや責められるべきことがなにもないのに、自分の土地が勝手に他人の物になってしまうのではたまりません。

泥棒や借りパクで時効は成立しない！

そもそも判例のいう「他人の所有物であることを認識しつつ、所有の意思をもってその物を専有すること」とはなんでしょうか？「人の物だけど、自分の物にしちゃえ！」という認識のことですから、泥棒やジャイアンと同じです。

それなのに時効を成立させてもいいんでしょうか？　これが認められれば、人から借りた物を返さないで自分の物にする、いわゆる「借りパク」も法律で認められてしまうようにも思われます。

しかし、実際には泥棒や借りパクで時効が成立することはほとんどありえません。

というのも、時効が成立するためには「所有する意思」が必要となり、他人から物を盗んだり、借りたりした場合にはこの「所有する意思」がなかったと、認定されるからです。

盗んだり借りたりした場合にも「所有する意思」が認められる場合には、その相手に「いまからこれを自分の物にするからね」と宣言する必要があります（この宣言が必要になるのは「盗む」「借りる」といったことを理由に物の移転があった場合に限られるので、「売買」で土地の移転があった本件では問題となりませんし、実際本件ではそのような宣言はありませんでした）。

しかし実際には、そんなことを言われたら物を取られた方は黙ってはいないでしょう。だから、泥棒や借りパクで時効が成立することはほとんど考えられないのです。

ただし、ジャイアンがのび太の所有物を奪い、「おまえのものはおれのもの」と言った場合、これは所有の意思の宣言といえますし、のび太はジャイアンが怖くてなにも言えないでしょうから、取得時効が成立する可能性があります。まあ、そのためには20年間という長い時間が必要となりますが。

アイドルとの握手券は株券と同じ価値がある？

訴えの内容

被告人は、某人気アイドルグループのCDを購入すると特典としてついてくるアイドルとの握手券を、他人に販売するなどの目的で偽造した。アイドルとの握手券は、株券などと同じ「有価証券」に該当するといえるから、被告人には有価証券偽造罪が成立する

←

判決

アイドルと握手できるといういわゆる握手券は、インターネット上のオークションなどでも売買されており、財産的価値があることは確かであるから有価証券に該当し、被告人には有価証券偽造罪が成立する

●東京地方裁判所平成22年8月25日判決

握手券には財産的価値がある

有価証券偽造罪という犯罪を知っているでしょうか?

漢字だらけの犯罪でいかにも難しそうですが、お金を偽造した場合の罪である通貨偽造罪と同様に、有価証券を偽造した場合に成立する犯罪です。

有価証券とは財産としての価値が乗っかっている紙、という程度の意味で、代表例としては株券や小切手、約束手形などがあります。商品券やビール券などもそれにあたります。

有価証券は、それ自体でお金と同じように使えてしまいますから、これを勝手に偽造してもらったら困ります。そこで、有価証券の偽造については犯罪として処罰することにしているのです。

さて、ひとことで有価証券といっても、世の中にはいろいろな「○○券」が出回っており、なにが有価証券に該当するかは簡単にはわかりません。本件で問題となったのは、某アイドルグループの握手券です。

本件の被告人は、人気アイドルグループのＣＤを購入すると特典でもらえるアイドルとの握手券を偽造しました。

そして、その握手券をアイドルグループのファンに売ったのです。アイドルと握手できるという権利が乗っかったこの握手券が、有価証券に該当するかが問題となりました。


弁護人は、握手券はあくまでアイドルと握手できるという権利が表された証券にすぎず、金銭的価値がないから有価証券には該当しないと主張しました。

しかし裁判所は、この主張をはねのけて握手券は有価証券に該当するとし、被告人に有価証券偽造罪の成立を認めました。

その理由の一つとして、裁判所は、偽造された握手券がインターネットオークションなどで売り買いされており、財産的価値があることを挙げています。


確かに、握手券を偽造することは悪質な行為で、なんらかの処罰を受けるべきでしょう。

しかし、アイドルとの握手券を、株券や小切手と同様に考えるのには違和感を覚えます。

裁判所は、握手券が売買されていることを理由として挙げていますが、例えばグループの中で人気のないアイドルの握手券の場合はどうでしょう。

人気がなくて誰もほしがる人がおらず売れないとしたら、その握手券は有価証券ではなくなってしまうのでしょうか？

握手券は特定の人と握手できるというだけの権利で、孫がおじいちゃんに渡す「肩たたき券」と同じともいえます。「肩たたき券」を有価証券と言う裁判官はいないでしょうから、握手券が有価証券でないという考えも十分成り立ちます。

ひょっとしたら、この判決を出した裁判官は、そのグループの大ファンで、握手券に財産的価値を認めるのは当然だ！　と考えたのでしょうか。もしそうだとすれば、この裁判官にあたった被告人はアンラッキーだったと言わざるをえません。

「勘違い」で罪を犯してしまったなら、許される

訴えの内容

被告人は、禁猟期間においては、狸《たぬき》を捕獲してはならないとされているのに、狸を捕獲した。被告人は、「自分は、狸とは違うムジナという生き物を捕獲したと認識していたから、無罪である」と主張しているが、狸を捕獲したことには間違いがなく、有罪である

↓

判決

被告人は、狸とムジナは違う生き物であると認識して、狸を捕獲したものである。被告人には「狸を捕獲する」という故意がなかったので無罪とする

●大審院大正14年6月9日判決

故意でなければ、「勘違いでした」でも無罪になる?

「ムジナ」とはどのような生き物のことを意味するかご存知でしょうか? 「同じ穴のムジナ」ということわざもありますが、ムジナというのは、一般的にアナグマのことを指す言葉です。

しかしながら、とある地方においてはいわゆる狸のことをムジナと呼ぶ地域があるそうです。アナグマと狸は生き物として似ていなくはないので、ややこしいですね。

狩猟については、法に基づき禁猟期間が定められています。本件の舞台となった地方では、禁猟期間に狸を捕獲することが禁止されていました。猟師は、それを知りながら禁猟期間中に狸を捕獲しました。

その地方では、狸を一般的に「ムジナ」と呼んでいました。猟師も自分が獲ったのは「ムジナ」で、禁じられている狸とは別の生物であると思っていたのです。

このような場合に犯罪は成立するのでしょうか? なぜ犯罪が成立するのかどうかが問題になるのかというと、犯罪が成立するためには基本的に「犯罪をしている」という認識が必要だからです。

犯罪というイケナイことを、わかってやっているからこそ重い罪を与えることができるのです。


判決では、この猟師が「狸とムジナが違う生物であるという認識であったため、犯罪をしているつもりがなかったといえるから犯罪は成立しない」として無罪となりました。この判決は妥当なのでしょうか？

確かに、狸とムジナが別の生き物であったという認識であれば、犯罪をしている意識はなかったといえます。しかし、客観的には被告人が捕獲を禁止されている狸を捕獲していることに間違いはありません。

それにもかかわらず無罪となるのであれば、罪を犯していても犯人が、「自分は勘違いをして、自分の行為は違法ではなかったと思っていました」と言えば無罪になってしまうことになりかねません。

学者の間でも長年議論されている、有名な二つの判例

同じような判例で「ムササビ・もま事件」というものがあります。

これは同じように法律上ムササビが禁猟である状況において、被告人がムササビを「もま」だと思って捕獲したという事案です。

「もま」というのはその被告人の住む地方において、ムササビ様の生物を意味する言葉でした。こちらの事件では、被告人には有罪の判決が出ています。同じような事件ですが、全く違った判決が出ており、両者の違いは曖昧です。

どちらも、法律用語で言う「事実の錯誤」をめぐる有名な判例で、学者の間でも長年にわたり議論されている問題です。ただし、法律学的には問題となることが多くても、現実の社会で問題になることはほとんどありません。

というのも、現実には犯人が「犯罪をしている認識はなく勘違いしていた」という主張をしても、そのような主張は単なる言い逃れと判断され裁判所が認めることはないからです。

例えば、人をナイフで刺して殺した人が「人ではなくよくできた人形をナイフで壊すつもりだった」と主張しても、ほとんどの場合、その時の状況などからして、その主張が単なる言い逃れや言い訳にすぎないとされるでしょう。

本件判例のケースは、ムジナと狸がよく似た動物で呼びかたも混同されていたからこそ、裁判所が「この被告人は本当に勘違いしていた可能性がある」と判断したのです。

ちなみに、「そんな法律があることを知らなかったので、自分の行為が犯罪だと思わなかった」という言い訳は通りません。日本の刑法では「法律を知らなかったとしても、そのことによって、罪を犯す意思がなかったとすることはできない」とされているからです。

浮気をして出て行った夫からの離婚請求も認められる

訴えの内容

原告は、自ら浮気をしておきながら被告に対して離婚を求めている。浮気は離婚の理由となるが、それはあくまで浮気をされた側からみたら理由になるということであり、自分で浮気をしておきながらそれを理由に離婚を求めるのは認められない

←

判決

自分から浮気をした場合であっても、一切離婚が認められない訳ではない。一定の条件を満たせば、浮気をした側からの離婚請求も認められる

●最高裁判所昭和62年9月2日判決

「結婚しているといえない」と判断されてこそ

いわゆる浮気のことを法律では「不貞行為」と呼びます。この不貞行為は、法律で離婚が認められる五つの事由の一つです。例えば、夫の不貞行為が発覚した場合、妻は夫に対して離婚を請求することができます。

では、不貞行為をした夫が、自らがした不貞行為を理由に離婚を請求した場合にはどうなるでしょうか？　これが認められてしまうと、不貞行為という違法な行為をした夫が、なにも悪いことをしていない妻に、一方的に離婚を突きつけることができてしまいます。そのため、従来の判決では、自ら浮気をした側からの離婚請求は認められていませんでした。

しかし、この最高裁判所の判決は、これまでの判例を覆し、不貞行為をした側からの離婚請求も認められると判断したのです。

それは画期的なことですが、これが認められてしまえば、例えば離婚に応じない妻に対し、わざと不貞行為をして離婚の理由をつくり、一方的に離婚を認めさせることもできてしまうように思えます。日本では古くから妻が夫だけの収入で生活するという夫婦形態が多く、落ち度がない妻が離婚により経済的に困窮してしまう場合も少なくありません。

この点は、さすがは最高裁判所の判決、しっかりとそのような問題が起きないようにケアをしています。具体的には、不貞行為をした側からの離婚が認められるには、次の三つの条件が備わっていることを必要としています。

①夫婦の別居期間が長期間であること
②夫婦の間に未成熟の子供がいないこと
③離婚を認めることで、相手が精神的・社会的・経済的に過酷な状況になるなど社会正義に反することがないこと

この三つの条件を全て満たすのは、なかなか至難の業です。

例えば①の別居期間については、判例上8年間の別居期間でも「長期間ではない」と判断された例もあります。

過去の判例をみると、浮気をした側からの離婚請求は、この三つの条件を満たし、事実上ほとんど結婚しているとはいえないような状況の夫婦に限り、認められています。

ゆめゆめ、「この三つの条件さえ認められれば、浮気をしてもこっちから離婚できるのか〜」などと、甘く考えないことです。

睡眠時間の分も給料が支払われる夢のような職場

訴えの内容

原告は、ビル管理会社の従業員であるが、このビル管理会社では、定期的にビルに泊まり込んで警備業にあたる泊り勤務がある。泊り勤務では、7〜9時間の仮眠時間があるが、これに対して賃金が支払われていない。寝ている間とはいえ、この仮眠時間は労働時間にあたるから会社は給料を支払うべきである

←

判決

仮眠時間であっても、使用者の指揮命令下にあるといえるから労働時間にあたる。よって会社は仮眠時間に対しても賃金を支払え

●最高裁判所平成14年2月28日判決

仮眠時間も労働時間と見なされます

寝ている時間に対しても、お給料が支払われる、そんな仕事があったら、すぐにでも応募するでしょうか。

この判例の原告は、とあるビル管理会社の従業員でした。その会社では、定期的に深夜の警備業務があり、これにあたると夜の間中、仮眠室に待機していなければなりません。待機中は寝ていてもよいのですが、担当のビルから外出することは禁止され、また飲酒することも禁止されていました。

さらに、電話があった場合や警報装置が作動した場合に、対応することが求められていました。会社は、実労働があった場合や泊り勤務の手当は支給していたものの、仮眠時間に対しては賃金を支払っていませんでした。

そこで原告であるその会社の従業員が、仮眠時間も全て労働時間にあたるとして、その間の賃金を支払うよう求めたのです。

会社は、仮眠時間においては睡眠をとることが許されている以上、会社からの拘束はないとして争いました。

しかし裁判所は、これを否定し、仮眠時間全体が労働時間にあたると判断したのです。その理由は、たとえ仮眠時間といえども電話対応や警報への対応などが業務として義務づけられている以上、労働時間にあたる、というものでした。

一見すると寝ているだけでお金がもらえるかのように思えますが、実際はなにかあった時に対応しなければならないのですから、楽してお金がもらえている訳ではありません。そう考えると、この従業員の言い分はもっともでしょう。

ちなみに、よく車で営業をしているサラリーマンが、休憩と称して車で昼寝している姿を見かけたりします。これはただのサボりで、逆にお給料を減らされても文句は言えません。「昼寝中でも呼び出されたら対応しなければならないから、この判決と同じだ」と言っても、裁判所には通用しませんのでご注意下さい。

分煙措置をしていない使用者は従業員に慰謝料を払うべし

訴えの内容

原告の職場では、十分な分煙措置がとられていない。そのため原告は、受動喫煙による目や喉の痛み、頭痛などに悩まされてきた。よって使用者は、職場における従業員の健康管理を怠ったといえるから、慰謝料を支払え

←

判決

使用者は、必要な分煙措置をして従業員の健康を守る義務がある。本件では使用者が必要な分煙措置をしなかったために、原告の健康が害されたといえる。よって使用者は慰謝料として5万円を支払え

●東京地方裁判所平成16年7月12日判決

喫煙に対する企業の姿勢が問われた事案

厚生労働省の平成25年度における統計によると、男性の喫煙率は32・2%で、女性は8・2%、男女合計では19・3%だということです。

過去には男性の8割が喫煙者であったとのデータもあるため、喫煙者の数は明らかに減少傾向にあります。

一昔前には見慣れなかった喫煙コーナーが街中で見られるようになり、分煙・禁煙が当たり前の社会になり、非喫煙者にやさしい社会になりつつあります。

職場においても分煙・禁煙は常識になっています。一昔前は、会議中でも職場のデスクでも喫煙は普通に行われていましたが、いまでは許されなくなっています。

では、このような分煙・禁煙社会において、会社が適切な分煙措置をとらず従業員に健康被害が出た場合、会社にどのような責任が問われるのでしょうか?

本判決は、とある区の職員である原告が、職場の分煙措置が不十分であったために、健康被害に苦しんだという事案です。

原告である職員は、受動喫煙により目や喉の痛みなどに悩まされ、職場に分煙・禁煙を求めていました。そこで、職場では喫煙場所の設置、換気扇の増設などの一定の分煙措置を行いましたが徹底されていませんでした。原告従業員はついに急性咽頭炎などの病気にかかってしまったのです。そこで原告は職場である区に対して、慰謝料約30万円を請求しました。

判決では、原告が急性咽頭炎などにかかり、その旨の診断書を職場に示したにもかかわらず、何ら措置をしなかったとして、区の責任を認めました。ただし、慰謝料として認められたのは5万円でした。

慰謝料の額は少ないですが、この判決は金額よりも、職場での実効性ある分煙措置を怠った場合に使用者に損害賠償義務が発生するということを認めた点で意義があります。

職場での喫煙が常識であった高齢の経営者などからすれば、「職場での喫煙で、なんで会社が責任を負わなければならないのか」と疑問に思うかもしれません。

しかし、時代は分煙・禁煙が常識の社会になっています。今後は、同様の事案でも慰謝料は高額になってくると思われますので注意が必要です。

コラム4

原告と被告を恫喝！　和解を強要する裁判官

裁判というと、裁判官のいる法廷できちんと白黒をはっきりさせて判決をしてもらう、というイメージが強いと思います。

しかし実際の裁判では、判決までいく前に、お互いが譲歩して解決案に至る「和解」が成立することが多くあります。裁判にまでいくというのは当事者が勝敗にこだわった結果であるのに、なぜそのような和解が多く成立しているのでしょうか？

それには、和解という解決方法に隠されたメリットを理解する必要があります。和解には、お互いが裁判を長引かせずにスムーズに揉め事を解決できるのと、裁判官が判決文を書かなくてよくなるメリットがあります。

裁判官は、膨大な記録と証拠を読み込んだうえで、当事者双方が納得するような説得的な文章を書かなければならず、裁判案件を年間数百件抱える裁判官の仕事量は膨大です。

その点、和解が成立すれば、和解の取り決めを行うだけで事件を処理することができ、時間の短縮につながります。そのため、時には裁判官が、強引に和解を進めようと原告・被告に働きかけることがあります。

その方法としては、まず原告に対し、個別に話をします。その内容は「このままだと、あなたは負けます。であれば、妥協してでも、和解しなさい」というものです（もちろん実際にはもっと丁寧でオブラートに包んだ言い方です）。その後、被告に対しても同様の話をします。

そう言われた原告と被告は、「まずい！　このままだと大損する。妥協するのはシャクだけど、和解しよう」と考えるようになり、実際に和解が成立する、という訳です。

このような和解は、本来勝つべき当事者が裁判官の怠慢により、不本意な結果を受け入れざるをえなくなるという弊害があります。「和解しなければ、負けさせるよ」とまで言う裁判官もおり、その言葉は、当事者にとって恫喝《どうかつ》にも等しいでしょう。

筆者の経験上、このような和解強要をする裁判官は少なからず存在します。裁判官には自分の発言の影響力の大きさを認識してほしいものです。

おわりに

本書を最後までお読み頂きありがとうございます。

人間味あふれる「ヒジョーシキ」ワールドはいかがだったでしょうか？
最後までお読みいただいた皆様は、「はじめに」に書いた判決の面白さ、醍醐味を感じて頂けたと思います。

なお、本書で紹介した判決を読んでより興味を覚えた方は、ぜひ判決の原本にあたってみることをおすすめします（最高裁の判例のみですが、裁判所の運営する判例情報サイトにアクセスすれば検索することができます。
http://www.courts.go.jp/app/hanrei_jp/search1）。

要約や筆者の解説がついていない「生の判決」に触れることで、より一層、判決文の面白さを味わうことができると思います。

最後になりますが、本書を執筆するにあたり丁寧な編集作業をしていただいた幻冬舎編集担当の杉山悠さん、企画にあたり的確なアドバイスを頂いた株式会社プレスコンサルティングの樺木宏さんに深く感謝を申し上げます。

平成28年3月吉日

弁護士　間川　清

主な参考文献・参考サイト

裁判所　裁判例情報

http://www.courts.go.jp/app/hanrei_jp/search1

裁判所判例Watch

http://kanz.jp/hanrei/

『有斐閣判例六法　平成27年版』井上正仁（編集代表）・有斐閣

『刑法総論判例インデックス』井田良・編集・城下裕二（編）・商事法務

『へんな判決』のりたまみ（著）・ポプラ社

『要約　相続判例１０９』本橋美智子（著）・学陽書房

『法律の抜け穴全集（改訂2版）』・自由国民社

『生活実用法律事典』（第3版）石原豊昭（監修）・自由国民社

『最新　くらしの法律相談ハンドブック』自由法曹団・（編）・旬報社

幻冬舎新書 414

裁判官・非常識な判決48選

二〇一六年三月三十日　第一刷発行
二〇二三年六月三十日　第三刷発行

著者　間川　清

発行人　見城　徹

編集人　志儀保博

発行所　株式会社　幻冬舎
〒一五一-〇〇五一　東京都渋谷区千駄ヶ谷四-九-七
電話　〇三-五四一一-六二一一(編集)
　　　〇三-五四一一-六二二二(営業)
公式HP　https://www.gentosha.co.jp/

ブックデザイン　鈴木成一デザイン室

印刷・製本所　中央精版印刷株式会社

Printed in Japan　ISBN978-4-344-98415-8 C0295
ま-9-1